图像儒释道系列

〔清〕顾沅 编撰

聖廟祀典圖考

中华书局

图书在版编目（CIP）数据

圣庙祀典图考/（清）顾沅编撰. —北京：中华书局，2016. 10
（2025. 4 重印）
ISBN 978-7-101-12055-4

Ⅰ. 圣⋯　Ⅱ. 顾⋯　Ⅲ. ①孔庙-祭礼-图集②儒家-名人-列
传-中国-图集　Ⅳ. ①K892. 98-64②B222-64

中国版本图书馆 CIP 数据核字（2016）第 195397 号

书　　名	圣庙祀典图考
编 撰 者	〔清〕顾　沅
责任编辑	邹　旭
封面设计	周　玉
责任印制	管　斌
出版发行	中华书局
	（北京市丰台区太平桥西里 38 号　100073）
	http://www. zhbc. com. cn
	E-mail：zhbc@ zhbc. com. cn
印　　刷	北京新华印刷有限公司
版　　次	2016 年 10 月第 1 版
	2025 年 4 月第 3 次印刷
规　　格	开本/920×1250 毫米　1/32
	印张 9⅜　插页 2　字数 203 千字
印　　数	7001-7800 册
国际书号	ISBN 978-7-101-12055-4
定　　价	49.00 元

出
版
说
明

　　《圣庙祀典图考》为清人顾沅编撰、孔继尧绘图，共五卷，收录孔子及由汉至清历代配祀孔庙者 144 人之画像，包括孔子弟子及历代名儒，并均附有人物小传。本书版刻画像生动，传文记人物生平及历代配祀孔庙情况，兼具观赏价值及史料价值，亦可视为历代名儒之图文列传。

　　顾沅，字湘舟，长洲（今江苏苏州）人。清道光间曾官教谕，为著名藏书家，建有艺海楼收藏古籍及金石，学者杨仲羲称其藏书"不及四库者六百余种，而四库未及者二千余种"，著述及编刻宏富，有《赐砚堂丛书》、《圣庙祀典图考》、《古圣贤像传略》、《吴郡五百名贤图传赞》等。孔继尧，字砚香，号莲乡，江苏昆山人，善刻花鸟，尤工人物，顾氏所编刻之书多由其摹绘画像。

　　图画孔门弟子者，历代有汉文翁石室、南宋太学石刻、明胡文焕《圣贤迹图》等，后有明吕维祺编《圣贤像赞》补入下迄明代儒家诸贤。顾氏此书，因前人诸书之互异缺略，广蒐博采，并参阅《白水碑》、《孔子家语》等文献，正其讹谬，订其异同，以清代所颁定从祀位次为准，补入多篇传记。并访求汉唐以来诸先贤画像绘入，若无旧像可循，则付之阙如。书前有康熙、乾隆御制赞文，书后附《崇圣祠考》一篇记孔子父祖及诸从祀者事迹，并附古本《圣迹图》一卷。

此次整理，以道光六年（1826）吴门赐砚堂顾氏刻本为底本，据相关史料文献校正部分文字，校记以小字随文括注。整理本收录原书主体图传部分，将《崇圣祠考》作为附录，《圣迹图》则因为已有多种版本单行，故本书不再收录。

原书文字无标点。为方便阅读，今由责任编辑邹旭对其进行分段标点，并改为简体横排。为尊重底本原貌，对避讳字不做回改。不当之处，敬请指正。

中华书局编辑部
二〇一六年六月

目录

卷首

卷一　圣像四配十二哲像

卷二　东庑先贤像　一位至三十六位

1

卷三　东庑先贤儒像　三十七位至六十四位

卷首

御制序赞

圣祖仁皇帝

御制孔子赞并序

盖自三才建而天地不居其功，一中传而圣人代宣其蕴。有行道之圣，得位以绥猷；有明道之圣，立言以垂宪。此正学所以常明，人心所以不泯也。粤稽往绪，仰溯前徽。尧舜禹汤文武，达而在上，兼君师之寄，行道之圣人也；孔子不得位穷而在下，秉删述之权，明道之圣人也。行道者勋业炳于一朝，明道者教思周于百世。尧舜文武之后，不有孔子，则学术纷淆，仁义湮塞，斯道之失传也久矣。后之人而欲探二帝三王之心法，以为治国平天下之准，其奚所取衷焉？然则孔子之为万古一人也，审矣。朕巡省东国，谒祀阙里，景企滋深，敬摛笔而为之赞曰：

清浊有气，刚柔有质。圣人参之，人极以立。行著习察，舍道莫由。惟皇建极，惟后绥猷。作君作师，垂统万古。曰惟尧舜，禹汤文武。五百余岁，至圣挺生。声金振玉，集厥大成。序书删诗，定礼正乐。既穷象系，亦严笔削。上绍往绪，下示来型。道不终晦，秩然大经。百家纷纭，殊途异趣。日月无逾，羹墙可晤。孔子之道，惟中与庸。此心此理，千圣所同。孔子之德，仁义中正。秉彝之好，根本天性。庶几夙夜，勖哉令图。溯

2

源洙泗，景躅唐虞。载历庭除，式观礼器。摛毫仰赞，心焉遐企。百世而上，以圣为归。百世而下，以圣为师。非师夫子，惟师于道。统天御世，惟道为宝。泰山岩岩，东海泱泱。墙高万仞，夫子之堂。孰窥其藩，孰窥其径。道不远人，克念作圣。

御制颜子赞

圣道早闻，天资独粹。约礼博文，不迁不贰。一善服膺，万德来萃。能化而齐，其乐一致。礼乐四代，治法兼备。用行舍藏，王佐之器。

御制曾子赞

洙泗之传，鲁以得之。一贯曰唯，圣学在兹。明德新民，止善为期。格致诚正，均平以推。至德要道，百行所基。纂承统绪，修明训辞。

御制子思子赞

於穆天命，道之大原。静养动察，庸德庸言。以育万物，以赞乾坤。九经三重，大法是存。笃恭慎独，成德之门。卷之藏密，扩之无垠。

御制孟子赞

哲人既萎，杨墨昌炽。子舆辟之，曰仁曰义。性善独阐，知言养气。道称尧舜，学屏功利。煌煌七篇，并垂六艺。孔学攸传，禹功作配。

高宗纯皇帝

御制四贤赞并序

圣门弟子三千，其贤者七十有二人。《史记》、《家语》各为纪其姓氏，考其事迹，以垂之后世。而能契夫子之心传，得道统之正脉者，则惟颜曾思孟四人。颜子得克己复礼之说，曾子与闻一贯之传，亲炙一堂，若尧舜禹之相授受，夐乎尚矣。子思师事曾子，发明中庸之道，而归其功于为己谨独。孟子当战国横流之时，私淑子思，距杨墨，闲圣道，而养气之论为前圣所未发，昌黎韩子以为其功不在禹下，有以也。庚戌秋，偶阅有宋诸儒传。因思宋儒所宗者，孔子之道也。孔子之道，赖颜曾思孟而传。今圣庙祀典，四子升配堂上，为百代之楷模，因各系以赞，用志景行之私云尔。

复圣赞曰：

贫也者吾不知其所恶，寿也者吾不知其所慕。德以润身，孰谓其贫？心以传道，孰谓难老？箪瓢陋巷，至乐不移。仰高钻坚，三月无违。夫子有言，克己成性。用致其功，允成复圣。

宗圣赞曰：

宣圣辙环，在陈兴叹。孰是中行？授兹一贯。曾子孜孜，惟圣依归。唯而不疑，以鲁得之。会友辅仁，任道重远。十传释经，超商轶偃。念彼先子，沂水春风。渊源益粹，笃实春容。临深履薄，得正以终。三千虽多，独得其宗。

述圣赞曰：

天地储精，川岳萃灵。是生仲尼，玉振金声。世德作求，孝孙维则。师曾传孟，诚身是力。眷兹后学，示我中庸。位天育物，致和致中。夫子道法，尧舜文武。绍乃家声，述乃文祖。

亚圣赞曰：

战国春秋，又异其世。陷溺人心，岂惟功利。时君争雄，处士横议。为我兼爱，簧鼓树帜。鲁连高风，陈仲廉士。所谓英贤，不过若是。于此有人，入孝出弟。一发千钧，道脉永系。能不动心，知言养气。治世之略，尧舜仁义。爱君泽民，惓惓余意。欲入孔门，非孟何自？孟丁其难，颜丁其易。语默故殊，道无二致。卓哉亚圣，功在天地。

序

圣庙祀典图考叙

上改元之二年，余分巡东鲁，往来圣人之陵，恪以上丁，祗谒柱下。徊翔而观，章施足征，像设无喧，乃喟然叹曰：自俯用六八，从祀黜陟，历代以来，朝议如聚讼喙，持不相下。畢我兴朝，列圣相承，祗定禋祀，虽百世无以易。顾上之褒崇，下或无述，余窃惧焉。久欲戢耆订正，益以昭代盛典，用备故实，以贻学者。乃以人事弩堕，卒莫能为。

及是丙戌，余承宣江苏，方率属事吏邑人茸修吴学宫，中书尤君乃以邑生顾沅所撰《圣庙祀典考》请余一言。其书上自圣贤遗迹，下汇从祀诸儒及幸学释奠诸仪，共若干卷，附圣迹图像二卷。余受而读之，迄无间然。且叹生之爱礼近古，与余适有合焉。呜呼！吾方患今之伏处者，好剿拟人言，妄规时政，自述其得，门门求闻，以售其身。而生独寒暑不辍，搜讨融结，精核邦典，求入圣域，何用心之不相及也！鼓宫宫应，鼓角角动，天下读是书者，必有乐与生游，以相期于圣人之门。吾故嘉叹，序以坚其志，不愿生之借是以褒录于当代也。

善化贺长龄撰

儒者读孔孟书，过庙而肃，闻乐而兴，莫不有羹墙之思。然一诘其至圣侍侧之班行，东西两庑昭穆之位次，孰称贤孰称儒，其生也何代，其祀也何年，往往茫无所对。斯其故何哉？盖缘圣贤出处事实，散见载籍，非收藏之富，学问之深，上下千古，难以贯串洞悉。历观《家语》、《史记》，暨《绎史》、《尚史》、《唐书》、《宋史》，及杜氏《通典》、《吾学编》、《明会典》、《阙里志》、各省郡志县志，诸书序次既异，姓氏年齿亦复不同。至于图，则始于汉文翁石室，南宋太学石刻、明胡文焕圣贤迹图，诸刻只录孔门弟子，于汉唐诸儒俱未及载。若《圣贤像赞》，则刻于明季，其书不独于诸贤名氏爵里穿凿附会，而各像俱系悬拟，尤不足取信。至洪氏《文庙纪略》一书，则有考无像，况所载止及康熙甲午以前，其后从祀者，俱未及收。我朝列圣，崇儒重道，圣圣相承。自世宗宪皇帝雍正二年，至今上道光六年，历有增祀，惜洪氏书后，未有继作者。同里顾君湘舟，因诸书之互异缺略，辑为《圣庙祀典图考》五卷，附以《启圣祠考》、《孔孟圣迹图》。广蒐博采，正其讹谬，订其异同，一遵雍正二年颁定位次，及列圣今上所降谕旨增祀先贤位次。更访汉唐以来诸先贤真像绘入，其无从访求真像者，姑阙焉以俟补镌。此书一出，井如秩如，足以嘉惠后学者匪浅。余昔备员仪曹，每留意于先贤故实，今见顾君是书，喜其蒐罗之广博，考核之精详。余与武陵本姻世交，故不辞不敏，而为之序。

道光丙戌季秋下浣　长洲彭希郑撰并书

序

有天下者，本天德以行王道，必远宗二帝三王。二帝三王之道，自我孔氏述之，而孟子继之。汉儒修明于煨烬之余，唐儒述之；宋儒阐发于大备之后，明儒述之。至于释奠建学，兴贤取士，以为修身治天下之大本，必自帝王隆礼之，始得阅久而不坠。汉以太牢祀孔子，为祀礼始。厥后兴学从祀，次弟举行，历代崇奉，其礼渐尊。我朝列圣相承，御书榜额，焜耀庙宇，增设博士以表传经，议定从祀以章实学，均为前代所希有之盛典。而其治化遂轶夏后殷周，与唐虞比隆。

夫自周秦以迄本朝，历年二千余，历代十有余，崇祀之礼，久而益备。而损益沿袭，前后典制，惝恍莫凭，亦士大夫服习圣门者之缺事也。顾子沉博稽群史，旁及诸子百家，考圣贤之遗迹，纪后儒之陪衬，临雍释菜，诸钜典详哉述之矣。虽《论》、《孟》、《礼记》而外，汉魏诸书不无载伪传讹。且如《公》、《穀》载孔子生而月不同；《史记》年七十三，而近儒江氏以为七十有四；《史记》孟子游事齐宣然后适梁，近人以为先梁后齐，尚未审辨然否，姑阙疑焉。而蒐采编葺，既勤且周，洵为好古矣，遂使后之人获有所稽考也。是大有功于圣门也，故乐而序之。

　　　　道光六年岁在丙戌孟秋之月　　吴县尤兴诗

参阅姓氏

　　娄东张应麑借堂
　　乌程陈经抱之
　　吴江杨揆嘉秋泉
　　长洲彭蕴璨朗峰

绘图

　　玉峰孔继尧研香
　　梓工张景章镌图

卷一 圣像四配 十二哲像

至圣先师孔子像

至圣先师孔子像

孔子，讳丘（按：底本避讳缺字，今补），字仲尼，出处事实详《圣迹图》。

周敬王四十二年，鲁哀公诔之曰尼父。郑康成谓因字为谥，吴草庐非之。即旧宅立庙，令世世以岁时祀孔子冢。汉高帝十二年过鲁，以太牢祀孔子。后世帝王祀孔子始此。平帝元始元年，追祀褒成宣尼公。谥实始此。东汉明帝永平二年，命辟雍及郡县学校皆祀孔子。国学郡县祀孔子始此。北魏孝文帝太和十六年，改谥文圣尼父。北齐之制，每岁春秋二仲释奠，每月旦朝。后世春秋释奠、朔日行礼始此。北周宣帝大象二年，追封邹国公。隋文帝时，谥先师尼父，诏国子寺每岁四仲月上丁释奠先圣周公、先师孔子，州郡学则以春秋仲月释奠。祭用上丁，州县学春秋二仲释奠始此。唐高祖武德二年，诏有司立孔子庙一所，四时致祭。前此周孔同庙，至是各立。太宗贞观二年，停祭周公，升孔子为先圣。四年，诏州县学皆作孔子庙。州县学立庙始此。十一年，尊为宣父。高宗乾封元年，诏赠太师。中宗嗣圣七年，封隆道公。元宗开元二十七年，追谥文宣王。宋真宗大中祥符元年，追谥元圣文宣王，亓官氏追封郓国夫人。五年，以国讳改谥至圣文宣王。元武宗即位，加号大成至圣文宣王。文宗至顺三年，封亓官氏大成至圣文宣王夫人。明太祖洪武□年（按：底本缺字，据《明史·礼志》，应为十七年），定朔望行香。世宗嘉靖九年，定号至圣先师孔子。国朝太宗文皇帝崇德元年，定春秋二仲上丁行释奠礼。世祖章皇帝顺治元年，定月朔及进士释褐释菜礼、月望行香仪。二年，奉圣旨加称大成至圣文宣先师孔子。十四年，仍改号至圣先师孔子。康熙二十三年，圣祖仁皇帝幸鲁，亲释奠，行三跪九叩礼，御书"万世师表"四字悬大成殿，明年颁天下学宫。世宗宪皇帝雍正三年，诏郡县丁祭用太牢。四年，颁御书"生民未有"额于国学、阙里及天下文庙。高宗纯皇帝乾隆二年，颁御书"与天地参"额于国学、阙里及天下文庙。仁宗睿皇帝嘉庆元年，颁御书"圣集大成"额于国学、阙里及天下文庙。今上道光元年，颁御书"圣协时中"额于国学、阙里及天下文庙。

唐睿宗赞：

猗欤夫子，实有圣德。其道可尊，其仪不忒。删诗定礼，百王取则。吾岂匏瓜，东西南北。

宋太祖赞：

王泽下衰，文武将坠。尼父挺生，河海标异。祖述尧舜，有德无位。哲人其萎，凤鸟不至。

宋真宗赞：

立言不朽，垂教无疆。昭然令德，伟哉素王。人伦之表，帝道之纲。厥功茂实，其用允臧。升中既毕，盛典载扬。洪名有赫，懿范弥彰。

宋徽宗赞：

厥初生民，自天有造。百世之师，立人之道。有彝有伦，垂世立教。爰集大成，千古永蹈。乃立斯所，乃瞻斯宫。瞻彼德容，云孰不从。

宋高宗赞：

大哉宣王，斯文在兹。帝王之式，古今之师。志在春秋，道由忠恕。贤于尧舜，日月其喻。惟时载雍，戢此武功。肃昭盛仪，海寓聿崇。

宋理宗赞：

圣哉尼父，秉德在躬。历聘列国，道大莫容。六艺既作，文教聿崇。古今日月，万代所宗。

复圣颜子像

复圣颜子像

颜子回，字子渊，亦曰子泉。唐天宝元年，张之宏《兖公颂》易渊为泉，避高祖讳。鲁人，邾国之后，少孔子三十岁。甫成童，即从游于孔门。孔子曰："自吾有回，而门人益亲。"子贡曰："夫能夙兴夜寐，讽诗崇礼，行不贰过，称言不苟，是颜回之行也。若逢有德之君，世受显命，不失厥名，以御于天子，则王者之相也。"孔子游农山，子路、子贡、颜渊侍，子曰："各言尔志，吾将择焉。"子路言志，子曰："勇哉。"子贡言志，子曰："辩哉。"颜渊曰："回愿得明王圣主，辅之敷其五教，导之以礼乐，使民城郭不修，沟池不越，铸剑戟为农器，放牛马于原薮，室家无离旷之思，千载无战斗之患。则由无所施其勇，赐无所用其辩矣。"子曰："美哉德也。"子路曰："夫子何选焉？"子曰："不伤财，不害民，不繁词，颜氏之子有之矣。"年二十九发尽白，三十二而卒。《一统志》：葬曲阜东二十里防山南。汉高帝十二年，东巡狩，过鲁，以太牢祀孔子，以颜子配享，历代因之。唐贞观二年，诏称先师。高宗总章元年，赠太子少师。睿宗太极元年，赠太子太师。开元二十七年八月，赠兖公。新旧《唐书》志、旧《书》本纪作兖国公，非。宋大中祥符二年，进封兖国公。元至顺元年，加封兖国复圣公，三年，封妻戴氏兖国夫人，谥贞素。明嘉靖九年，改称复圣颜子。东配第一位。

宋太祖赞：

生值衰周，爵不及鲁。一箪藜藿，陋巷坏堵。德冠四科，名垂千古。没表万年，遂荒东土。

宋高宗赞：

德行首科，显冠学徒。不迁不贰，乐道以居。食饮甚恶，在陋自如。宜称贤哉，岂止不愚。

述圣子思子像

述圣子思子像

子思子伋，字子思，伯鱼之子。逮事圣祖，而受业于曾子。尝劝鲁君毁不居之室以贻百姓，夺嬖宠之禄以赈国匮，君不能用。适卫，缊袍无里，三旬九食，田子方遗以狐白之裘，不受。已而反鲁，教授其徒数百人，述父师之意作《中庸》。自汉唐以来，《中庸》一书列于《礼记》，故其学不显。至宋，表章《大学》、《中庸》，与二论并列为四书。卒年六十二，葬孔子冢南。《阙里文献考》：先圣卒于鲁哀公十六年，又六十九年而穆公始立。子思生于先圣未卒之先，而受敬礼于穆公即位之后，核之年岁，殊不相合。或以六十二似八十二之误。宋徽宗崇宁元年，封沂水侯。大观二年，从祀。端平二年，诏升祀堂上，列十哲之间。度宗咸淳三年，封沂国公，与颜子、曾子、孟子并配享，颜曾思孟自此不易。元至顺元年，加封沂国述圣公。嘉靖九年，改称述圣子思子。东配第二位。

宋高宗赞：

闲居讲膳，世业克昌。可离非道，孜孜立行。发挥中庸，体固有常。入德枢要，治道权衡。

宗圣曾子像

宗圣曾子像

曾子参，字子舆，白水碑阴作子与。鲁南武城人，鄪国之后，少孔子四十六岁。年十六，闻孔子在楚，曾点命之楚受学焉。子贡曰："博无不学，其貌恭，其德敦，其言于人也无所不信，其骄大人也常以浩浩，是以眉寿。"孔子曰："夫孝，德之始也；弟，德之序也；信，德之厚也；忠，德之正也。参行夫四德者也。"家贫食力，敝衣躬耕，日不举火，而歌声若出金石。鲁君闻之而致邑焉，固辞不受，曰："吾闻：受人施者常畏人，与人者常骄人。纵君有赐，不我骄也，吾岂能勿畏乎？"每读《丧礼》，辄泣下沾襟，曰："往而不可还者，亲也；至而不可加者，年也。初吾为吏，禄不及釜钟，尚欣欣而喜者，非为多也，乐其逮亲也。亲既没之后，吾尝南游于楚，得尊官焉，犹北面涕泣者，非为贱也，悲不逮吾亲也。"著书十八篇，十篇见《大戴礼》，八篇亡。又述孔子所传大学之道，作传十章。孔子以其志存孝道，尝因之作《孝经》十篇。《一统志》：葬沂州费县。又云：在济宁嘉祥县南武山之阳。唐总章元年，从祀，赠太子少保。太极元年，赠太子太保。开元二十七年，赠郕伯。宋大中祥符二年，封瑕邱侯。徽宗政和元年，以所封侯爵与宣圣名同，改封武城侯。咸淳三年，封郕国公，与颜、孟并配享。元至顺元年，封郕国宗圣公。明嘉靖九年，改称宗圣曾子。西配第一位。

宋高宗赞：

大孝要道，用训群生。以纲百行，以通神明。因子侍师，答问成经。事亲之实，代为仪型。

亚圣孟子像

亚圣孟子像

孟子轲，出处事实详《孟子圣迹图》。宋仁宗元丰六年，封邹国公，立庙邹县。七年，配享孔庙，位次颜子。元至顺元年，封邹国亚圣公。明洪武五年，帝览《孟子》土芥寇雠，谓非人臣所宜言，诏罢配享，有谏者以大不敬论。刑部尚书钱唐抗疏入谏曰："臣为孟子死，死有余荣。"帝鉴其诚恳，不之罪。逾年，帝寻悟，乃下诏曰："孟子辨异端，辟邪说，以发明孔子之道，宜配享如故。"嘉靖九年十月，改称亚圣孟子。西配第二位。

宋高宗赞：

道术分裂，诸子为书。既极而合，笃生真儒。诋诃杨墨，皇极是扶。较功论德，三圣之徒。

先贤闵子损像

先贤闵子损像

闵子损，字子骞。鲁人，少孔子十五岁。《家语》少孔子五十岁。始见于夫子，有菜色，后有刍豢之色。子贡问之，闵子曰："吾出蒹葭之中，入于夫子之门。夫子内切磋以孝，外为之陈王法，心窃乐之。出见羽盖龙旂裘旐相随，心又乐之。二者相攻胸中而不能决，是以有菜色。今被夫子之文寖深，又赖二三子切磋而进之，内明于去就之意，出见羽盖龙旂裘旐相随，视如坛土矣，是以有刍豢之色。"不仕大夫，不食污君之禄。及居丧三年毕，见孔子，与之琴，使之弦，切切而悲，作而曰："先王制礼，不敢过焉。"子曰："闵子哀未忘，能断之以礼，不亦君子乎？"《一统志》：葬济南历城县东五里。又云在曹州范县东南孟村，又云在沛县东南骞山之阳，又云在大名东明县西北。唐开元八年，从祀。二十七年，赠费侯。宋大中祥符二年，封琅琊公。咸淳三年，封费公。嘉靖九年，改称先贤闵子。东哲第一位。

宋高宗赞：

天经地义，孝哉闵骞。父母昆弟，莫间其言。污君不仕，志气轩轩。复我汶上，出处休焉。

先贤冉子雍像

先贤冉子雍像

冉子雍，字仲弓。鲁人，伯牛之族，少孔子二十九岁。生于不肖之父，以德行著名。子贡曰："在贫如客，使其臣如借，不迁怒，不复怨，不录罪，是冉雍之行也。"孔子论其材曰："有土之君子也，有众使也，有刑用也，然后称怒焉。"《一统志》：葬曹县东北五十里冉堌村。唐开元八年，从祀。二十七年，赠薛侯。宋大中祥符二年，封下邳公。咸淳三年，封薛公。明嘉靖九年，改称先贤冉子。东哲第二位。

宋高宗赞：

懿德贤行，有一则尊。子也履之，成性存存。骍角有用，犁牛莫论。刑政之言，惠施元元。

先贤端木子赐像

17

先贤端木子赐像

端木子赐，字子贡，《礼记》作赣。卫人，少孔子三十一岁。天资颖悟，善为说辞。孔子曰："自吾得赐，远方之士日至。"齐景公问："仲尼其圣何如？"子贡对曰："不知也。赐终身戴天，不知天之高也。终身践地，不知地之厚也。赐之事仲尼，譬犹渴操壶杓就江海而饮之，满腹而去，又安知江海之深乎？"子贡为信阳宰，辞于夫子。夫子曰："治官莫如平，临财莫若廉。廉平之守，不可改也。匿人之善，斯为蔽贤。扬人之恶，斯为小人。内不相训，而外相谤，非亲睦也。故君子无所不慎焉。"尝相鲁卫，卒于齐。明于慎行曰：史迁以子贡列于《货殖》，未知其晚年之学有进也。至于乱齐、存鲁、破吴、霸越、强晋，一出而五国各变焉，战国策士之流，假托依附，以自为名耳。《国语》、《越绝书》、《吴越春秋》皆转相附会矣。唐开元八年，从祀。二十七年，赠黎侯。宋大中祥符二年，封黎阳公。咸淳三年，封黎公。明嘉靖九年，改称先贤端木子。东哲第三位。

宋高宗赞：

谦德知二，器实瑚琏。动必几先，孰并其辩。一使存鲁，五国有变。终相其主，誉处悠远。

先贤仲子由像

先贤仲子由像

仲子由，字子路，又字季路。鲁之卞人，少孔子九岁。初见孔子，子曰："子何好？"对曰："好长剑。"子曰："以子之所能，而加之以学问，岂可及乎？"子路曰："学岂有益也哉？南山有竹，不揉自直，斩而用之，达于犀革，何学之有？"子曰："括而羽之，镞而砺之，其入之不亦深乎？"子路再拜曰："敬受教。"孔子尝曰："自吾得由，恶言不入于耳。"子贡曰："其言循性，其都以富，材任治戎，是仲由之行也。"仕为蒲大夫，三年，夫子过之，入其境，曰："善哉由也，恭敬以信矣。"入其邑曰："善哉由也，忠信以宽矣。"至其庭曰："善哉由也，明察以断矣。"子贡御，请问夫子。曰："入其境，田畴尽易，草莱尽辟，沟洫深治，此其恭敬以信，故其民尽力也。入其邑，墙屋完固，树木甚茂，此其忠信以宽，故其民不偷也。至其庭，庭甚清闲，诸下用命，此其明察以断，故其政不扰也。虽三称其善，庸尽其美乎？"子路见于夫子曰："昔者由也事二亲之时，尝食藜藿之食，为亲负米百里之外。亲没之后，南游于楚，积粟万钟，累茵而坐，列鼎而食，顾欲食藜藿为亲负米，不可得也。"夫子曰："由也事亲，可谓生事尽力，死事尽思者也。"后死于卫孔悝之难。子曰："天祝予！"《水经注》：冢在戚。案《广阳杂记》、山东仲家浅庙碑谓子路父名凫，未知何出。子路之子仲子崔，见《太平御览·仇雠部》。唐开元八年，从祀。二十七年，赠卫一作魏侯。宋大中祥符二年，封河内公。咸淳三年，封卫公。明嘉靖九年，称先贤仲子。东哲第四位。

宋高宗赞：

升堂惟先，千乘惟权。陵暴知非，委质可贤。折狱言简，结缨礼全。恶言不耳，仲尼赖焉。

先贤卜子商像

先贤卜子商像

卜子商，字子夏。卫人，《檀弓》疏魏人。少孔子四十四岁。郑康成曰：温国人，少孔子四十五岁。案《汉书·地理志》，温故国属河内郡。河内，卫地，故《家语》作卫人。以文学著名，为人性不宏，好论精微，时人无以尚之。子贡曰："学以深，厉以断，送迎必敬，上交下接若截焉，是卜商之行也。"孔子说之以诗曰："式夷式已，无小人殆。若商也，可以不险矣。"家贫，衣若悬鹑，及见曾子，曾子曰："何肥也？"子夏曰："吾入见先王之义则荣之，出见富贵又荣之，两者未知胜负，故臞。今先王之义胜，故肥。"孔子殁后，授教于西河，西河之民疑以为孔子。魏文侯师之，以此名闻诸侯。习于诗，能通其义，相传今毛诗叙，子夏之遗说也。受《易》、《春秋》于孔子，公羊高、穀梁赤皆从之学《春秋》。又传《礼》，著在《礼志》。《水经注》：葬于邺阳。案，子夏少孔子四十四岁，孔子卒时，子夏年二十九，而受经于魏文侯，盖年几百岁矣。唐贞观二十一年，从祀。二十七年，赠魏侯，《咸淳临安志》作卫侯。宋大中祥符二年，封河东公。咸淳三年，封魏国公。明嘉靖九年，改称先贤卜子。东哲第五位。

宋高宗赞：

文学之目，名重一时。为君子儒，作魏侯师。不可后礼，始可言诗。假盖小事，圣亦不疵。

先贤有子若像

先贤有子若像

有子若，字子若，《史记》作子有。鲁人。少孔子十三岁，《家语》作三十六，《史记》作四十三，朱竹垞《弟子考》作三十三。为人强识，好古道。孔子没，门人思慕，以有若之言似孔子，至欲以所事孔子事之，曾子不可，乃已。唐开元二十七年，从祀，赠卞伯。宋大中祥符二年，封平阴侯。明嘉靖九年，改称先贤有子。国朝乾隆三年春三月，尚书衔徐云梦请升有子于大成殿东哲位十子之次，诏从之。东哲第六位。

宋高宗赞：

人禀秀德，气貌或同。而子俨然，温温其容。两端发问，未答机锋。以礼节和，斯言可宗。

卷一　圣像四配十二哲像

先贤冉子耕像

25

先贤冉子耕像

　　冉子耕，字伯牛，白水仓颉碑作百牛。鲁人，少孔子七岁，以德行著名。孔子为司寇，以冉耕为中都宰。有恶疾，孔子曰："命也夫！"《一统志》：葬广平永年县西五十里。又云在泰安东平州西，又云在滕县南三里伯冢社。唐开元八年，从祀。二十七年，赠郓侯。宋大中祥符二年，封东平公。咸淳三年，封郓公。明嘉靖九年，改称先贤冉子。西哲第一位。

　　宋高宗赞：

　　德以充性，行以澡身。二事在躬，日跻而新。并驱贤科，德颜与邻。不幸斯疾，命也莫伸。

先贤宰子予像

先贤宰子予像

宰子予，字子我，鲁人。有口才。尝使于楚，楚昭王以安车象饰遗孔子，宰我曰："窃见夫子道行则乐其治，不行则乐其身。方今道德寝息，志欲兴而行之，诚有欲治之君能行其道，则夫子虽徒步以朝，固犹为之，何为远辱君之重贶乎？"他日归以告孔子。子贡曰："予之言，行事之实。未尽夫子之美也。"子曰："夫言贵实，使人信之，舍实何称乎？赐之华，不若予之实也。"又曰："吾于予，取其言之近类也。于赐，取其言之切事也。近类则足以喻之，切事则足以惧之。"仕齐，为临淄大夫。《寰宇记》：葬曲阜西南。唐开元八年，从祀。二十七年，赠齐侯。宋大中祥符二年，封临淄公。咸淳三年，封齐公。明嘉靖九年，改称先贤宰子。西哲第二位。

宋高宗赞：

辨以饰诈，言以致文。苟弗执礼，宜莫释纷。朽木粪墙，置不足云。言语之科，烨然有闻。

先贤冉子求像

先贤冉子求像

冉子求，字子有。鲁人，亦伯牛之族，少孔子二十九岁。有才艺。子贡曰："恭老恤幼，不忘宾旅，好学博艺，省物而勤，是冉求之行也。"孔子语之曰："好学则知，恤孤则惠，恭则近礼，勤则有继。尧舜笃恭以王天下，其称之也，曰宜为国老。"为季氏宰，齐师伐鲁，冉有用矛以帅众，遂入齐师，获甲首八十，齐师宵遁。既战，季孙问曰："子之于军旅，性之乎？学之乎？"对曰："学之孔子。"时孔子在卫，冉有言于季孙曰："国有圣人而不能用，欲以求治，犹却行而求及前人也。"季孙以告，哀公使人以币召孔子，孔子反鲁。《一统志》：葬兖州滕县东南六十里奚仲墓旁。唐开元八年，从祀。二十七年，赠徐侯。宋大中祥符二年，封彭城公。咸淳三年，封徐公。明嘉靖九年，改称先贤冉子。西哲第三位。

宋高宗赞：

循良之要，在于有政。可使为宰，千室百乘。师门育材，治心扶性。退则进之，琢磨之柄。

先贤言子偃像

先贤言子偃像

言子偃，字子游，石经作斿，《檀弓》注疏别字叔氏。吴人，少孔子四十五岁。有文学。仕鲁为武城宰，以礼乐化民。子贡曰："先成其虑，及事而用之，故动则不妄，是言偃之行也。"孔子曰："欲能则学，欲知则问，欲善则讯，欲给则豫，当是而行，偃也得之矣。"季康子问子游曰："昔子产死，郑人丈夫舍玦佩，妇人舍珠瑱，巷哭三月，竽瑟不作。仲尼之死，未闻鲁人之若是，何也？"子游曰："子产之于夫子，其犹浸水之与膏雨乎？浸水所及，人得而知之。膏雨所及，人不得而知之也。"《吴地记》：葬吴郡常熟县西海虞山上。唐开元八年，从祀。二十七年，赠吴侯。宋大中祥符二年，封丹阳公。咸淳三年，封吴公。明嘉靖九年，改称先贤言子。西哲第四位。

宋高宗赞：

道义正己，文学擅科。为宰武城，聊以弦歌。割鸡之试，牛刀谓何。前言戏尔，博约则多。

先贤颛孙子师像

先贤颛孙子师像

颛孙子师，字子张。陈人，少孔子四十八岁。孔子曰："自吾得师，前有光，后有辉。"子贡曰："美功不伐，贵位不喜，不侮不佚，不傲无告，是颛孙师之行也。"孔子曰："其不伐则犹可能，其不弊百姓则仁也。"子张病，召申祥而语之曰："君子曰终，小人曰死。吾今日其庶几乎？"《一统志》：葬徐州萧县南掘坊村，申祥（按：原作详，据前文改）附。按，《史》索引、郑康成《弟子目》谓阳城人。《汉书·地理志》阳城属陈留郡，即陈地。而《吕氏春秋》云：子张，鲁之鄙家。《通志·氏族略》：颛孙氏出陈公子颛孙。《左传》：颛孙来奔张。盖其后，故又为鲁人。唐开元二十七年，从祀，赠陈伯。宋大中祥符二年，封宛邱侯。政和元年，改封颍川侯。咸淳三年，封陈公，升十哲。明嘉靖九年，改称先贤颛孙子。西哲第五位。

宋高宗赞：

念昔颛孙，商德为邻。学以干禄，问以书绅。参前倚衡，忠信是遵。色取行违，作戒后人。

先贤朱子熹像

先贤朱子熹像

朱子熹，字元晦，一字仲晦。徽州婺源人。通议大夫松之子。年十四，即厉志圣贤之学。既孤，奉父遗命，往告胡宪、刘勉之、刘子翚而受业焉。勉之以女妻之。十八贡于乡，登绍兴十八年进士第，授泉州同安主簿，累官焕章阁待制。历仕四朝，仕于外者仅九考，立朝才四十日。道不能行，遂以承先启后为己任。先生之学，既博求之经传，复遍交当世有识之士。少寓建之崇安，既归自同安，延平李侗老矣，尝学于罗从彦，不远数百里，徒步往从之。其为学，大抵穷理以致其知，反躬以践其实，而以居敬为主。尝谓圣贤精义，散在方册，圣经之旨不明，而道统之传始晦。于是竭其精力，以研究圣贤之经训。门人黄榦曰："道之正统，待人而传。自周以来，任传道之责者不过数人，而能使道章章较著者，一二人止耳。由孔子而后，曾子、子思继其微，至孟子而始著。由孟子而后，周、程、张子继其绝，至朱子而始著。"识者以为知言。所著书有《易本义》、《启蒙》、《蓍卦考误》，《诗集传》，《大学中庸章句》、《或问》、《论语》、《孟子集注》，《太极图》、《通书》、《西铭解》，《楚辞集注》、《辨证》，《韩文考异》；所编次有《论孟集议》，《孟子指要》，《中庸辑略》，《孝经刊误》，《小学书》，《通鉴纲目》，《宋名臣言行录》，《家礼》，《近思录》，《河南程氏遗书》，《伊洛渊源录》，皆行于世。所著《文集》凡一百卷，生徒问答凡八十卷，别录十卷。庆元六年卒，年七十一，谥曰文，赠大中大夫，宝谟阁直学士。宝庆三年，赠太师，封信国公。绍定三年，改封徽国公。淳祐元年，从祀。元至正二十二年，改封齐国公。明嘉靖九年，改称先儒。崇祯十五年，改称先贤，位汉唐诸儒上。国朝康熙五十一年，奉旨特升配大成殿十哲之次，称先贤朱子。西哲第六位。

卷二一 东庑先贤像 一位至三十六位

先贤蘧子瑗像

先贤蘧子瑷像

　　蘧子瑷，字伯玉，《淮南子》作璩。《吕览》：谥成子，为卫大夫，蘧庄子无咎之子。晋赵简子将伐卫，使史谙往视之，还报曰："蘧伯玉为政，未可加兵也。"简子遂寝兵不出。灵公尝与夫人夜坐，闻车声辚辚，至阙而止，过阙复有声。公问夫人曰："知为谁?"夫人曰："此蘧伯玉也。"公曰："何以知之?"夫人曰："妾闻（按：原作问，据《列女传》改）：礼，下公门式路马，所以广敬也。夫忠臣与孝子，不为昭昭信节，不为冥冥惰行。蘧伯玉，卫之贤大夫也，仁而有智，敬于事上，此其人必不以暗昧废礼，是以知之。"公使人问之，果伯玉。伯玉行年五十而知四十九年之非，六十而化。外宽而内直，自娱于隐括之中，直己而不直人，汲汲于仁，以善自终。《陈留志》：祭城有伯玉墓及祠。按：伯玉，襄十四年见《传》，名德已重，必不甚少，历至哀初年，孔子主于其家，何年之长也? 全祖望《经史问答》曾疑之。唐开元二十七年，从祀，赠卫伯。宋大中祥符二年，封内黄侯。明嘉靖九年，以《史记》谓伯玉孔子所严事者，不当在弟子列，改祀于乡。国朝雍正二年，奉旨复祀，称先贤蘧子。东庑第一位。

　　宋高宗赞：

　　有卫伯玉，夫子与居。寡过未能，存赞使乎。以尸谏君，友则史鱼。果得进贤，烂然简书。

先贤澹台子灭明像

先贤澹台子灭明像

澹台子灭明，字子羽，武城人。《史记》：少孔子三十九岁。《家语》：少四十九岁。状貌甚恶。既受业，退而修行，南游至江，从弟子三百人，设取予去就，名施乎诸侯。孔子闻之曰："以貌取人，失之子羽。"子贡曰："贵之不喜，贱之不怒，苟利于民矣，廉于行己，其事上也，以佑其下，是澹台灭明之行也。"孔子曰："独富独贵，君子耻之，夫也中之矣。"今苏州府南有澹台湖，豫章有进贤门、进贤县，皆其南游遗迹。《史记正义》：葬兖州邹城县。《水经·渠水注》：陈留县裘氏乡有子羽冢。又云冢在泰山南武城县，《寰宇记》又谓在吴县南十八里平城。唐开元二十七年，从祀，赠江伯。宋大中祥符二年，封金乡伯。明嘉靖九年，改称先贤澹台子。东庑第二位。

宋高宗赞：

惟子有道，天与异容。状虽云恶，德则其丰。南止江沱，学者云从。取士自兹，貌或非公。

先贤原子宪像

先贤原子宪像

　　原子宪，字子思。宋人，郑康成注鲁人。《檀弓》作仲宪。少孔子三十六岁。清净守节，贫而乐道。夫子没，隐居于卫。子贡相卫，结驷连骑，排藜藿，入穷闾，过谢思。思摄敝衣冠见，子贡曰："夫子岂病乎？"思曰："吾闻之：无财者谓之贫，学道而不能行者谓之病。若宪，贫也，非病也。"子贡惭去，终身耻其言之过也。唐开元二十七年，从祀，赠原伯。宋大中祥符二年，封任城侯。明嘉靖九年，改称先贤原子。东庑第三位。

　　宋高宗赞：

　　轼彼穷闾，达士所宾。邦无道谷，进退孰伦。敝衣非病，无财乃贫。赐虽不怿，清节照人。

先贤南宫子适像

先贤南宫子适像

南宫子适，《家语》作绹，《史记》作括，又称南宫敬叔。鲁人，孟僖之子，居南宫，因姓焉。以智自持，世清不废，世浊不污，独居思仁，公言思义。孔子以兄子妻之。哀公三年，司铎火，逾公宫，救火者皆顾府，敬叔至，命周人出御书俟于宫。唯时周礼在鲁，而典礼尚存者，敬叔之功也。与孔子俱至周，问礼访乐于老子，老子送子以言曰："聪明深察而近于死者，好讥议人者也；博辨闳达而危其身者，好发人之隐者也。"敬叔闻之，遂三复白圭云。《一统志》：葬邹县西。按，《汉书·古今人表》有南容，又有南宫敬叔。颜师古于南容则注曰：南宫绹也。于南宫敬叔则注曰：南宫适也。故明夏洪基断为二人：以南宫绹、适、括，字子容者为一人；以仲孙说、阅，谥敬叔者为一人。唐开元二十七年，从祀，赠郯伯。宋大中祥符二年，封袭邱侯。政和元年，改封汝阳侯。明嘉靖九年，改称先贤南宫子。东庑第四位。

宋高宗赞：

先觉既位，簪履并驰。尚德君子，尔乃兼之。羿奡可渐，禹稷可师。三复此道，载观白圭。

先贤商子瞿像

先贤商子瞿像

　　商子瞿，字子木。鲁人，少孔子二十九岁。孔子传《易》于瞿，瞿传楚人馯臂，臂传江东矫疵，疵传燕周竖，竖传淳于光乘，乘传齐田何，何传东武王同，同传菑川杨何。田何又授丁宽，宽授砀田王孙，王孙授沛施雠、东海孟喜、琅邪梁邱贺。由是汉儒言《易》者，有施、孟、梁邱之学。以汉初言《易》者有田何，故世以别焦、费，谓曰田何之《易》。以孔子《卦》、《象》、《爻》、《彖》与《文言》、《说卦》等离为十二篇，而说者目为章句，其实皆本之商瞿。案，杨慎《丹铅录》云：《世本》、《石室图》作商瞿上。宋景文《成都先贤赞》以为蜀人考瞿上城在双流，此说殊不可信。今双流县东有商瞿祠墓，疑出后人附会。盖孔门弟子无自蜀来者，且其时蜀道亦未通。又师古《儒林传》注云：商瞿姓也。误以为复姓。唐开元二十七年，从祀，赠蒙伯。宋大中祥符二年，封须昌侯。明嘉靖九年，改称先贤商子。<small>东庑第五位。</small>

　　宋高宗赞：

　　易之为书，弥纶天地。五十乃学，师则有是。子能受授，洗心传世。知几其神，宜彼厥祀。

先贤漆雕子开像

先贤漆雕子开像

漆雕子开，字子若，《史记》作子开，白水碑作子修。蔡人，郑康成曰鲁人。少孔子十一岁。习《尚书》，不乐仕。《汉书》：《漆雕子》十三篇，乃子若之后。案，《论语》旧本、石经俱作彫，彫、雕本通。王应麟《艺文志考证》：漆雕名启，《史记》名开，因避景帝讳改。孔安国于《论语》误注开名，而其名遂隐，幸班氏忘讳直书，后世名字昭然。《家语》作漆雕开，乃王肃不考而袭孔注、史传尔。唐开元二十七年，从祀，赠滕伯。宋大中祥符二年，封平舆侯。嘉靖九年，改称先贤漆雕子。东庑第六位。

宋高宗赞：

仕进之道，要在究习。具臣而居，咎欲谁执。斯未能信，谦以自立。阙里说之，多士莫及。

先贤司马子耕像

先贤司马子耕像

司马子耕，字子牛，《家语》作司马黎耕，宋人。多言而躁。其兄向魋作乱奔卫，乃致其邑与珪，而适齐。魋自卫入齐，陈成子使为次卿，又致其邑，而适吴。吴人恶之，乃反。赵简子召之，陈成子亦召之。卒于鲁郭门之外，阬氏葬诸邱舆。《左传》注：在泰山南城县西北。唐开元二十七年，从祀，赠向或作滕伯。宋大中祥符二年，封楚邱侯。政和元年，改封睢阳侯。明嘉靖九年，改称先贤司马子。东庑第七位。

宋高宗赞：

手足甚亲，志异出处。魋将为乱，子乃脱去。在污能洁，危而有虑。内省若斯，何忧何惧。

先贤巫马子施像

先贤巫马子施像

巫马子施，《家语》作期，字子期，《史记》作子旗。陈人，郑康成曰鲁人。少孔子三十岁。孔子将近行，命从者皆持盖，已而果雨。巫马期问曰："且无云，既日出，而夫子命持雨具，敢问何以知之？"孔子曰："昨暮月宿毕。诗不云乎？'月离于毕，俾滂沱矣'，以此知之。"唐开元二十七年，从祀，赠鄫伯。宋大中祥符二年，封东阿侯。明嘉靖九年，改称先贤巫马子。东庑第八位。

宋高宗赞：

天清日明，密云曷有？师命持盖，子亦善扣。惟夫子博，三才允究。学者之乐，所得遂茂。

卷二　东庑先贤像

先贤颜子辛像

先贤颜子辛像

颜子辛，《史记》作幸，或作柳，或作韦，字子柳。鲁人，少孔子四十六岁。唐开元二十七年，从祀，赠萧伯。朱彝尊考作蕃伯。宋大中祥符二年，封阳穀侯。明嘉靖九年，改称先贤颜子。东庑第九位。

宋高宗赞：

孰封于萧，实惟子柳。凤饫格言，克遵善诱。明德期馨，贤业所就。以侑于儒，传芳逾茂。

先贤曹子郇像

先贤曹子峋像

曹子峋，字子循。蔡人，少孔子五十岁。唐开元二十七年，从祀，赠丰伯。<small>曲阜碑作鲁，杭碑作曹。</small>宋大中祥符二年，封上蔡侯。明嘉靖九年，改称先贤曹子。<small>东庑第十位。</small>

宋高宗赞：

肃肃曹伯，王室之裔。积习乐道，切瑳（按：原作嗟，据《文宣王及其弟子赞》改）明义。惟善则主，尔德是类。史笔有焕，令名永纪。

先贤公孙子龙像

先贤公孙子龙像

公孙子龙，古本《家语》作宠，字子石。卫人，郑康成曰楚人，《正义》曰赵人。少孔子五十三岁。子贡问子石曰："子不学诗乎？"子石曰："吾暇乎哉？父母求吾孝，兄弟求吾悌，朋友求吾信，吾暇乎哉？"子贡曰："请投吾师，以学于子。"唐开元二十七年，从祀，赠黄伯。宋大中祥符二年，封枝江侯。明嘉靖九年，改称先贤公孙子。东庑第十一位。

宋高宗赞：

黄伯著祀，公孙是云。弥缝中道，协辅斯文。藏修方异，渐渍其勤。史词不忘，播为清芬。

先贤秦子商像

先贤秦子商像

秦子商，今本《家语》云字不慈，古本《家语》、《左传》俱作丕兹，《史记》云字子丕。鲁人，郑康成（按：底本夺成字）曰楚人。少孔子四十岁，《史记索隐》云四岁。其父堇父与孔子父叔梁俱以力闻。唐开元二十七年，从祀，赠上洛伯。宋大观四年，封冯翊侯。明嘉靖九年，改称先贤秦子。东庑第十二位。

宋高宗赞：

孔父秦父，相尚以德。俱生贤嗣，相与维则。是父是子，致诘畴克。会弁儒林，令名无极。

先贤颜子高像

先贤颜子高像

颜子高，《家语》作克，《史记》作刻，《索隐》名产。字子骄，《通典》字子精。鲁人，少孔子五十岁。孔子适卫，子骄为仆。卫灵公与夫人南子同车出，而令宦者雍渠参乘，使孔子为次，游过市。孔子耻之，颜刻曰："夫子何耻之？"孔子曰："诗云：'靓尔新婚，以慰我心。'"乃叹曰："吾未见好德如好色者也。"按，《弟子传》以刻为高，疑误。《左》定八年：阳州之役，颜高弓六钧。考子骄少孔子五十岁，是生于定九年，非挽强之颜高甚明。《困学纪闻》合作一人，似误。唐开元二十七年，从祀，赠琅琊伯。宋大中祥符二年，封雷泽侯。明嘉靖九年，改称先贤颜子。东庑第十三位。

宋高宗赞：

琅琊之伯，其惟子骄。微言既彰，德音孔昭。已观云舞，同听齐韶。历千百祀，跂思高标。

先贤壤子驷赤像

先贤壤子驷赤像

壤子驷赤，字子徒，《家语》作穰，字子从。秦人。按《通志略》：壤驷氏复姓。长于诗书。唐开元二十七年，从祀，赠北徵伯。宋大中祥符二年，封上邽侯。明嘉靖九年，改称先贤壤子。东庑第十四位。

宋高宗赞：

式是壤伯，昭乎圣徒。执经请益，载道若无。诗书规矩，问学楷模。得时而驾，领袖诸儒。

先贤石子作蜀像

先贤石子作蜀像

石子作蜀，古本《家语》作石之蜀，今本《家语》作石子蜀，字子明，秦之成纪人。按，《氏族略》石作氏复姓，以孔子弟子为据。唐开元二十七年，从祀，赠郈杭碑作石邑伯。宋大中祥符二年，封成纪侯。明嘉靖九年，改称先贤石子。东庑第十五位。

宋高宗赞：

在昔石邑，能知所尊。懋依有德，克述无言。鼓箧槐市，扬名里门。此道久视，彼美长存。

先贤公夏子首像

先贤公夏子首像

公夏子首，字乘，《家语》作守，字子乘。鲁人。唐开元二十七年，从祀，赠亢父伯。宋大观四年，封钜平侯。明嘉靖九年，改称先贤公夏子。东庑第十六位。

宋高宗赞：

堂堂子乘，洙泗之英。抠衣唯喏，致力知行。渊源其学，赫奕其名。庆封锡壤，侯于钜平。

先贤后子处像

先贤后子处像

后子处，字子里，《家语》作石处，字里之，齐人。《阙里志》作虔。唐开元二十七年，从祀，赠营邱伯。宋大观四年，封胶东侯。明嘉靖九年，改称先贤后子。东庑第十七位。

宋高宗赞：

温温子里，人闻至圣。揽道之华，秉德之柄。深造阃域，不乖言行。全齐之封，竹素荣盛。

先贤奚子容藏像

先贤奚子容蒧像

奚子容蒧_{古体点字}，字子皙，《家语》作奚蒧，字子偕，一作子楷。鲁人，《正义》曰卫人。按奚，奚伸之后，以名为氏者也。唐开元二十七年，从祀，赠下邳伯。宋大中祥符二年，封济阳侯。明嘉靖九年，改称先贤奚子。_{东庑第十八位。}

宋高宗赞：

雍雍子皙，已望堂室。幼则有造，成则祖述。文采日化，儒效力弼。永观厥成，德音秩秩。

先贤颜子祖像

先贤颜子祖像

颜子祖，字襄，《家语》作颜相，又作祖，字子襄。鲁人。唐开元二十七年，从祀，赠临沂伯。宋大观四年，封富阳侯。明嘉靖九年，改称先贤颜子。东庑第十九位。

宋高宗赞：

阙里始教，群弟皇皇。好学不倦，时维子襄。疏封锡命，侯于富阳。于万斯年，名誉益彰。

先贤句子井疆像

先贤句子井疆像

句子井疆，古本《家语》字子疆，今本《家语》句作勾，字子界，《山东志》字子孟，《正义》作钩井。卫人。唐开元二十七年，从祀，赠淇阳伯。宋大中祥符二年，封滢阳侯。明嘉靖九年，改称先贤句子。东庑第二十位。

宋高宗赞：

孔徒三千，升堂七十。子于其间，有业学习。骏造圣功，岿然独立。茂陟嘉封，鸿名缉缉。

先贤秦子祖像

先贤秦子祖像

秦子祖，字子南。郑玄曰秦人。唐开元二十七年，从祀，赠少梁伯。宋大中祥符二年，封鄄城侯。明嘉靖九年，改称先贤秦子。东庑第二十一位。

宋高宗赞：

秦有子南，蜚声述作。守道之渊，成德之博。范若铸金，契犹发药。历世明祀，少梁宠爵。

先贤县子成像

先贤县子成像

县子成，字子祺，《家语》字子横。鲁人。唐开元二十七年，从祀，赠钜野伯。宋大中祥符二年，封武城侯。明嘉靖九年，改称先贤县子。东庑第二十二位。

宋高宗赞：

至圣立教，子祺安雅。擅誉鲁邦，启祚钜野。炜矣风猷，时哉用舍。出伦离类，后学是假。

先贤公祖子句兹像

先贤公祖子句兹像

公祖子句兹，《家语》作公祖兹，字子之。鲁人。唐开元二十七年，从祀，赠期思伯。宋大中祥符二年，封即墨侯。明嘉靖九年，改称先贤公祖子。东庑第二十三位。

宋高宗赞：

惟彼子之，锡伯期思。与贤并进，得圣而师。彬彬雅道，翼翼令仪。一日至焉，庙食不隳。

先贤燕子伋像

先贤燕子伋像

　　燕子伋，古本《家语》作级，字子思，《史记》云字思。秦人。唐开元二十七年，从祀，赠渔阳伯。宋大中祥符二年，封沂源侯。明嘉靖九年，改称先贤燕子。<small>东庑第二十四位。</small>

　　宋高宗赞：

　　师席高振，大成是集。至道克传，贤达斯执。善道云衮，儒风可立。渔阳之士，得跂而及。

先贤乐子欬像

先贤乐子欤像

乐子欤,《家语》作乐欣,字子声。鲁人。唐开元二十七年,从祀,赠昌平伯。宋大观四年,封建成侯。明嘉靖九年,改称先贤乐子。东庑第二十五位。

宋高宗赞:

乐氏子声,锡爵昌平。信道之笃,见善乃明。引领高节,载惟思诚。先贤聿集,出为时英。

先贤狄子黑像

先贤狄子黑像

狄子黑，字晳之。《史记》云字晳，一作子晳。卫人，《正义》鲁人。唐开元二十七年，从祀，赠临济伯。宋大中祥符二年，封林虑侯。明嘉靖九年，改称先贤狄子。东庑第二十六位。

宋高宗赞：

仰止狄晳，抱负渊通。游泳德化，扬厉素风。伟识既异，持教仍隆。厥志茂焉，愍祀无穷。

先贤子蔑子忠像

先贤子蔑子忠像

子蔑子忠，《家语》作弗，字子蔑。孔子兄孟皮之子。唐开元二十七年，从祀，赠汶阳伯。宋大中祥符二年，封郓城侯。明嘉靖九年，改称先贤子蔑子。东庑第二十七位。

宋高宗赞：

惟子挺生，道德之门。佩服至论，鲤则弟昆。三得三已，所问殊温。君子归宓，义不掩恩。

先贤公西子葳像

先贤公西子蒇像

公西子蒇古体点字，字子上，《家语》作子尚。鲁人。唐开元二十七年，从祀，赠祝阿伯。宋大中祥符二年，封徐城侯。明嘉靖九年，改称先贤公西子。东庑第二十八位。

宋高宗赞：

猗尔子尚，鲁邦之望。以德则贵，惟道是唱。师聪师明，友直友谅。伯于祝阿，儒风斯畅。

先贤颜子之仆像

先贤颜子之仆像

颜子之仆，字子叔，《史记》云字叔。鲁人。唐开元二十七年，从祀，赠东武伯。宋大中祥符二年，封宛句侯。明嘉靖九年，改称先贤颜子。东庑第二十九位。

宋高宗赞：

贤行颜叔，亲承尼父。志锐所期，道尊是辅。泥在钧陶，木就规矩。终縻好爵，扬名东武。

先贤施子之常像

先贤施子之常像

施子之常，字子恒，《家语》作子常。鲁人。唐开元二十七年，从祀，赠乘氏伯。宋大中祥符二年，封临濮侯。明嘉靖九年，改称先贤施子。东庑第三十位。

宋高宗赞：

开国乘氏，有德斯彰。参稽百行，赞理三纲。自拔行间，策名甚光。在史蔼蔼，历久弥芳。

先贤申子枨像

先贤申子枨像

申子枨，《家语》作绩，字子周，《史记》作党，《文翁石室图》作堂，郑康成作续，或作侻，字子续。鲁人。唐开元二十七年，从祀，疑枨、党为二人，赠枨鲁伯、党陵伯。宋大中祥符二年，封枨文登侯、党淄川侯。明嘉靖九年，以重名去党存枨，改称先贤申子。东庑第三十一位。

宋高宗赞：

刚毅近仁，志操莫渝。性匪祝鲍，面岂子都。有一于此，刚名可图。云欲则柔，盖生之徒。

先贤左子丘明像

先贤左子丘明像

左子丘明，中都人，《史记》姓左丘。《授经图》：鲁人，楚左史倚相之后。《春秋》者，鲁史记之名也。周室既微，载籍残缺。仲尼思存前圣之业，以鲁周公之国，礼文备物，史官有法，故与左丘明观而修之，皆口授弟子。弟子退而异说，丘明恐失其真，乃为之传，以授鲁申，屡授至荀卿，荀卿授汉张苍及贾谊，谊为《左氏传训》，而刘歆言之哀帝，左氏始得立于学官。《一统志》：葬泰安肥城县西南五十里肥河乡都君庄。又云在兖州峄县东北七十里。唐李吉甫《元和郡县志》：在平阴县东南五十里。按，《左传》序云左丘明受经于仲尼，然孔子称："左丘明之所耻，丘亦耻之。"则左丘明当是孔子先辈。今《左传》序事于孔子既没之后，至于韩赵魏灭智伯之时，则传《春秋》者，似非左丘明矣。刘歆论《左氏春秋传》曰：好恶与圣人同，亲见夫子。是与夫子同时人。唐贞观二十一年，从祀。宋大中祥符二年，加封瑕邱伯。政和元年，改封中都伯。明嘉靖九年，改称先儒左子。崇祯十五年，称先贤左子。东庑第三十二位。

先贤秦子冉像

先贤秦子冉像

秦子冉，字开。蔡人。按，《史记》有，《家语》无。唐开元二十七年，从祀，赠彭衙伯。宋大中祥符二年，封新息侯。明嘉靖九年，釐正祀典，以不载《家语》弟子之数，罢祀。国朝雍正二年，奉旨复祀，称先贤秦子。<small>东庑第三十三位。</small>

宋高宗赞：

彭衙高士，经籍是亲。赞成德艺，协于彝伦。底绩圣道，斯肖素臣。优哉游哉，学以致身。

先贤牧子皮像（原书图阙）

牧子皮，《风俗通》：弘农，商音，黄帝臣力牧之后。赵岐曰：牧皮，事孔子学者。国朝雍正二年，奉旨从祀，称先贤牧子。东庑第三十四位。

先贤公都子像 (原书图阙)

公都子，孟子弟子也。《广韵》：孟子称公都子有学业。宋政和五年，配享孟子，赠平阴伯。国朝雍正二年，奉旨从祀，称先贤公都子。东庑第三十五位。

先贤公孙子丑像（原书图阙）

公孙子丑，齐人，孟子弟子。《陶潜集》：公孙氏传易为道，为洁净精微之儒。《一统志》：葬济南淄川县东南十五里。又云邹县城西北十里公孙社。按，春秋时，诸侯之子为公子，公子之子为公孙，公孙诸子无封邑爵号者，皆以公孙为氏。丑齐人，而姓公孙，疑亦齐之公族欤？宋政和五年，配享孟子，赠寿光伯。国朝雍正二年，奉旨从祀孔庙，称先贤公孙子。东庑第三十六位。

卷三 东庑先贤儒像

三十七位至六十四位

先贤张子载像

先贤张子载像

张子载，字子厚，世大梁人。父迪，知涪州事，卒于官。诸孤皆幼，不克归，侨寓凤翔郿县之横渠镇，因家焉。始就外傅，志气不群，少孤自立，无所不学。邠焦寅喜谈兵，载悦其言。当康定用兵时，年十八，慨然以功名自许，欲结客取洮西之地。年二十一，以书谒范仲淹，仲淹一见，知其远器，警之曰："儒者自有名教可乐，何事于兵？"因劝读《中庸》。载读其书，犹以为未足，又求诸释老者累年，尽究其说，无所得，乃反求之六经。嘉祐初，见二程于京，其语道学涣然自信，曰："吾道自足，何事旁求？"乃尽弃异学，淳如也。是时载已坐虎皮讲《易》，京师从者甚众。一夕二程至，论《易》，次日撤坐辍讲，曰："吾平日为诸公说者，皆乱道。二程深明《易》道，吾所弗及，汝辈可师之。"嘉祐二年，登进士第，为祁州司法参军，迁云岩县令，为政以敦本善俗为先。熙宁二年，以中丞吕公著荐，神宗召问治道，对曰："为治不法三代者，终苟道也。"帝悦，以为崇文院校书。与王安石语新政不合，寻移疾归。召知太常礼院，与有司议礼不合，后以疾归，中途而卒，年五十八。世称为横渠先生。所著书号《正蒙》，又作《东西铭》。程伊川谓《西铭》明理一而分殊，扩前圣所未发，与孟子性善养气之论同功，自孟子后，盖未之见也。嘉定十三年，谥曰明。淳祐元年，从祀，封郿伯。明嘉靖九年，改称先儒张子。崇正十五年，称先贤张子。东庑第三十七位。

先贤程子颐像

先贤程子颐像

　　程子颐，字正叔，明道之弟。嘉祐四年，举进士，廷试报罢，遂不复试。治平、元丰间，屡荐不起。元祐元年召对，擢崇政殿说书，每当进讲，必宿斋豫戒，潜思存诚，冀以感动上意。崇宁五年，致仕。大观元年，卒于家，年七十五。世称为伊川先生。颐于书无所不读，其学本于诚，以《大学》、《论语》、《孟子》、《中庸》为标指，而达于六经，动止语默，一以圣人为师，其不至乎圣人不止也。张载称其兄弟从十四五时，便脱然欲学圣人，故卒得孔孟不传之学，以为诸儒倡。其言之旨若布帛菽粟，然知德者尤尊崇之。颐尝自言："我昔状明道先生之行，我之行盖与明道同。异时欲知我之行，于此文求之可也。"所著书有《易》、《春秋传》，传于世。嘉定十三年，谥曰正。淳祐元年，从祀，封伊阳伯。元至顺元年，封洛国公。明嘉靖九年，改称先儒程子。崇正十五年，称先贤程子。东庑第三十八位。

先儒公羊子高像

先儒公羊子高像

公羊子高，齐人。受春秋于卜子夏，高传其子平，平传其子地，地传其子敢，敢传其子寿，寿传与弟子齐人胡母生、赵人董仲舒，著以竹帛。胡母生授东海赢公，赢公授同郡孟卿，孟卿授鲁人眭孟，眭孟授东海严彭祖、鲁人颜安乐，故后汉《公羊》有严氏、颜氏之学。仲舒以公羊显于朝，授季育，育授羊弼，弼授何休，休作解诂，其学遂大行于世。唐贞观二十一年，从祀。宋大中祥符二年，封临淄伯。明嘉靖九年，改称先儒公羊子。东庑第三十九位。

先儒子国子安国像

先儒子国子安国像

　　子国子安国，字子国，孔子十一世孙。少学《诗》于申培，受《尚书》于伏生。武帝时为侍中。鲁共王坏孔子旧宅，得古文虞、夏、商、周之《书》及《传》，《论语》，《孝经》上之。帝悉以还孔氏，仍诏安国作传。安国乃考论古今文义，作《论语》训解，《尚书》、《孝经》传，又集先圣《家语》。《尚书》增多伏生二十八篇，伏生又以《舜典》合于《尧典》，《益稷》合于《皋陶谟》，《盘庚》三篇合为一，《康王之诰》合于《顾命》，复出此篇并序，凡五十九篇，为四十六卷，复引书序，以各冠其篇首，定五十八篇。安国后自博士迁临淮太守，以病免，年六十（按：原作十六，据《孔子家语》改）卒。古文《尚书》自安国后，相传不绝，贾逵与马融、郑康成作为训注，西晋永嘉之乱，众家之书并亡，唯古文《尚书》独行。唐贞观二十一年，从祀。宋大中祥符二年，封曲阜伯。明嘉靖九年，改称先儒子国子。东庑第四十位。

先儒毛子苌像

先儒毛子苌像

毛子苌，字长公，河间人。善说《诗》。初，孔子删诗以授子夏，子夏授鲁申，申授李克，克授孟仲子，仲子授根牟子，根牟子授孙卿，孙卿授毛亨。亨称大毛公，为诗训诂，授子苌。苌为河间献王博士，称小毛公，著有《毛诗故训》二十卷、《诗传》十卷。每说诗，献王悦之，取《诗传》加毛字，以别齐、鲁、韩三《诗》。苌授贯长卿，长卿授解延年，延年授徐敖，敖授陈侠，侠授谢曼卿，曼卿授卫宏。《诗》故有小序相承，为子夏作，附经后，苌引以入经，及宏又加润饰。郑众、贾逵、马融并作《毛诗传》，郑康成作《毛诗笺》。齐、鲁《诗》已亡，韩《诗》虽存无传之者，唯毛诗、郑笺至今独立。唐贞观二十一年，从祀。宋大中祥符，封乐寿伯。明嘉靖九年，改称先儒毛子。东庑第四十一位。

先儒高堂生像

先儒高堂生像

高堂子生《汉书》无名，称生者乃诸儒之称，鲁人，齐公族也。或曰：高敬仲食采于高唐，因姓焉。《礼》自孔子时，而其经已不具。及至秦焚书，书散亡益多，于是独有《士礼》十七篇，高堂生能言之。汉初诸学者多言礼，而鲁徐生善为容，以容为礼官大夫，传子至孙延、襄，又授弟子公户满意、桓生、单次、萧奋，于是诸言礼为容者，由徐氏后。又有古经出淹中，河间献王好古爱学，收集余烬，得而献之，合五十六篇，并威仪之事及明堂阴阳之记，字皆大篆，因名曰《古文仪礼》。内惟十七篇与高堂生所传不殊，而字又多异，余三十九篇，并无敢传之者，以无师说，今皆亡。高堂生所传者，称为《今文仪礼》，郑康成为之注，而唐贾公彦疏焉。唐贞观二十一年，从祀。宋大中祥符二年，封莱芜伯。明嘉靖九年，改称先儒高堂子。东庑第四十二位。

先儒郑子康成像

先儒郑子康成像

郑子康成不书名，谨避圣祖仁皇帝庙讳，北海高密人，少事京兆第五元，通京氏《易》、公羊《春秋》、《三统历》、《九章算术》，又从东郡张恭祖受《周官》、《礼记》、《左氏春秋》、《韩诗》、《古文尚书》，复入关从扶风马融受学，后归乡里，学徒相随已数百千人。时任城何休好《公羊》学，遂著《公羊墨守》、《左氏膏肓》、《穀梁废疾》，康成乃作《发墨守》、《针膏肓》、《起废疾》以排之，休见而叹曰："康成入吾室，操吾矛，以伐我乎?"年六十，弟子河内赵商等自远方至者数千。国相孔融深敬康成，告高密县为特立一乡，广开门衢，令容高车，号为通德门。建安二年，征为大司农，以病乞还家。年七十四，卒于元城。门生相与撰康成答弟子问五经，依《论语》作《郑志》八篇。凡康成所注，《周易》、《尚书》、《毛诗》、《仪礼》、《礼记》、《论语》、《孝经》、《尚书大传》、《中候》、《乾象历》，又著《天文七政论》、《鲁礼禘祫议》、《六艺论》、《毛诗谱》、《驳许慎五经异议》、《答林孝存周礼难》，凡百余万言。史称其囊括旧典，网罗众家，删裁繁芜，刊改漏失，自是学者累知所归，仲尼之门不能过也。唐贞观二十一年，从祀。宋大中祥符，封高密伯。明嘉靖九年，张璁奏改祀于乡。国朝雍正二年，奉旨复祀，称先儒郑子。东庑第四十三位。

先儒诸葛子亮像

先儒诸葛子亮像

诸葛子亮，字孔明，琅邪阳都人。太山郡丞珪之子。早孤，遭汉乱，避难荆州，居襄阳隆中。少有逸群之才，英霸之器，每自比管仲、乐毅，时人莫之许也，惟博陵崔州平、颍州徐庶与友善，谓为信然。时昭烈屯新野，徐庶谓昭烈曰："诸葛孔明，卧龙也。将军宜枉驾顾之。"昭烈凡三往，乃见，与语当世之事，大悦之，情好日密，谓关、张曰："孤之有孔明，犹鱼之有水也。"及昭烈即帝位，以亮为丞相。后主建兴元年，封武乡侯，领益州牧。十二年，卒于渭南军中，年五十四，谥忠武，立庙沔阳。亮为丞相，开诚布公，循名责实，善无微不赏，恶无纤不贬，刑政虽峻，而无怨者，以其用心平而劝戒明也。亮《诫子书》云："非澹泊无以明志，非宁静无以致远。"盖其得力于圣贤之学，于此可见，故能处不苟合当世，出则尽忠所事。朱子称其有王佐才，而遇非其时，可谓得亮之真者矣。所著《文集》凡二十四篇。国朝雍正二年，奉旨从祀，称先儒诸葛子。东庑第四十四位。

先儒王子通像

先儒王子通像

　　王子通，字仲淹，河东龙门人。父隆，隋国子博士。通年十五，受书于东海李育，学诗于会稽夏琠，问礼于河东关子明，正乐（按：原作学，据《文中子世家》改）于北平霍汲，考易于族父仲华，不解衣者六年。仁寿三年，西游长安，奏太平十二策，知谋之不用，作《东征之歌》而归。乃赞易，续诗书，著礼乐论，修《元经》，号《王氏六经》。既就，门人自远而至，往来受业者盖千余人，河汾之教，号为极盛。大业十四年，卒于家，门人谥曰文中子。子福郊、福畤取通答门弟子问，为《中说》十卷。通所续书后亡其序，有录无书者十篇，福畤子勃补完缺逸，定著二十五篇。明嘉靖九年，从祀，称先儒王子。东庑第四十五位。

先儒陆子贽像

先儒陆子贽像

陆子贽，字敬舆，苏州嘉兴人。年十八，第进士，中博学宏辞，以书判调拔萃科，补渭南尉。德宗在东宫闻其名，召为翰林学士。朱泚之变，从幸奉天。时行在仓皇，贽年少得君，凡有大事，皆取贽裁决，人号为内相。贞元八年，拜中书侍郎同平章事。会窦参与贽不协，裴延龄以奸回得幸，人莫敢言，独贽抗言其罪。翰林学士吴通元亦忌贽先达，遂阴结延龄等，互短贽于帝前，由是帝意渐移。明年，贬为忠州别驾。及顺宗立，召还，诏未至，贽已卒，年五十二，赠兵部尚书，谥曰宣。贽在朝廷，敷陈剀切。其学术纯粹，实渊源邹鲁。故当德宗奉天播迁之日，诏书旁午，贽洒翰即成，不假起草，而武夫悍卒读之无不感激流涕，卒平大乱，贞元再造，功耀寰区，由其仁义之言入人深也。然厄于群小，不获尽其用，天下惜之。著有制诰集十卷、奏章七卷、中书奏议七卷。在忠州时，有《集验方》五十卷。国朝道光六年，奉旨从祀，称先儒陆子。东庑第四十六位。

先儒司马子光像

先儒司马子光像

司马子光，字君实，陕州人。父池，天章阁待制。光生七岁，手不释书，凛然如成人。宝元初，中进士甲科。嘉祐间，知谏院，数上疏劝立国嗣，帝大感动，遂立英宗为皇子。神宗初，为御史中丞，上疏论修心之要三，曰仁、曰义、曰武，治国之要三，曰官人、曰信赏、曰必罚，其说甚备。且曰：臣获事三朝，皆以此六言献，平生力学所得，尽在是矣。王安石行新法，光逆疏其利害，抗章至七八，遂求去，居洛阳十五年。哲宗初，赴阙，民遮道曰：公无归洛，留相天子，活百姓。元祐元年，拜尚书左仆射兼门下侍郎，遂罢青苗钱，复常平粜籴法。辽夏使至，必问起居。敕边吏曰：中国相司马矣，无轻生事。是年卒，年六十八，赠太师、温国公，谥文正，赐碑曰忠清粹德。都中及四方皆画像以记。光孝友忠信，恭俭正直，居处有法，动作有礼，诚心自然，天下敬信。陕洛间皆化其德，有不善曰：君实得无知之乎？光于物澹然无所好，于学无所不通，惟不喜释老，曰：其微言不出吾书，其诞吾不信也。所著有《文集》、《资治通鉴》、《通鉴考异》、《历年图》、《通历》、《稽古录》、《宋百官公卿表》、《翰林词草》、《注古文孝经》、《易说》、《注系辞》、《注老子道论》、《集注太元经》、《大学中庸义》、《集注扬子》、《文中子传》、《河外咨目》、《书仪》、《家范》、《续诗话》（按：原作《续经话》，据《宋史》本传等改）、《游山行记》、《医问》。建炎中，配享哲宗庙庭。咸淳三年，从祀。明嘉靖九年，改称先儒司马子。东庑第四十七位。

先儒欧阳子修像

先儒欧阳子修像

欧阳子修，字永叔，庐陵人。父观，为绵州军事推官。修四岁而孤，母郑亲诲之学，家贫，至以荻画地学书。幼敏悟过人，所览辄成诵。及冠，嶷然有声。试南宫第一，擢甲科，授西京留守推官。始从尹洙游，为古文，迭相师友，遂以文章为天下宗匠。嘉祐二年，以翰林学士知贡举，时士子多为险怪奇涩之文，修痛排抑之，文格遂变而复正。五年，拜枢密副使。六年，参知政事。熙宁四年，以太子少师致仕。五年，卒，年六十六，赠太子太师，谥文忠。修天资刚劲，见义勇为，虽机穽在前，触之不顾。放逐流离，至于再三，志气自若也。笃于朋友，生则振翼之，死则调护其家。奖引后进，如恐不及。为政简易循理，不求声誉，凡知开封及诸郡，所至而治。修于经术，务明其大本，其所发明，简当明白。作《本论》等篇，正人心，辟邪说，起衰救弊，天下翕然师尊之。苏轼序其集云："论大道似韩愈，论事如陆贽，记事如司马迁，诗赋似李白。"识者以为得其实云。修好古嗜学，辑三代以来金石刻凡一千卷，谓之《集古录》，校正史氏百家之讹为多。奉诏与宋祁修新《唐书》，祁撰列传，修撰纪志表，又自撰《五代史》及《易童子问》、《诗本义》、《居士集》、《内外制》、《奏议》、《四六集》、《归田录》行世。明嘉靖九年，从祀，称先儒欧阳子。东庑第四十八位。

先儒胡子安国像

先儒胡子安国像

胡子安国，字康侯，建宁崇安人。七岁为小诗，有自任以文章道德之句。稍长入太学，以程颐之友朱长文及颍川靳裁之为师。裁之与论经史大义，深奇重之。登绍圣四年进士第，除荆南教授，历官宝文阁直学士。绍兴八年卒，年六十五，谥文定。安国强学力行，以圣人为标的，志于康济时艰，见中原沦没，遗黎涂炭，常若痛切于其身。虽数以罪去，其爱君忧国之心，远而弥笃。每有君命，即置家事不问。然风度凝远，萧然尘表，视天下万物无足以婴其心。自登第及谢事四十年，在官仅六载。故渡江以来，儒者进退合义，以安国、尹焞为称首。所著有《胡氏春秋传》、《资治通鉴举要补遗》一百卷、《文集》五十卷。正统元年，从祀。成化三年，追封建宁伯。嘉靖九年，改称先儒胡子。东庑第四十九位。

先儒尹子焞像（原书图阙）

尹子焞，字彦明，一字德充，世为洛人。少师事程颐。尝应举，发策有诛元祐诸臣议，遂不对而出，终身不就举。颐既没，焞聚徒洛中，非吊丧问疾不出户，士大夫宗仰之。靖康初，以种师道荐，召至京师，不欲留，赐号和靖处士。金人陷洛，焞自商州奔蜀，止于涪。涪，颐读《易》地也。辟三畏斋以居，邦人不识其面。绍兴四年，侍读范冲举焞自代，授左宣教郎，充崇政殿说书，以疾辞。六年，诏以秘书郎兼说书，趣起之，始就职。八年，称疾在告，除权礼部侍郎兼侍讲。时朝廷方与金使议和，焞上疏力谏，不报，因固辞新命。九年，致仕。十二年卒。焞庄正仁实，不过于心，不欺暗室，自诚而明，以之开物成务，推放皆准。其为学之要有三：曰玩味，曰涵养，曰践履。主一之功，多于穷理。当是时，学于程门者固多君子，然求质直宏毅实体力行若焞者盖鲜。颐常以鲁许之，且曰："我死而不失其正者，尹氏子也。"著有《论语解》、《门人问答》行世。国朝雍正年，奉旨从祀，称先儒尹子。东庑第五十位。

先儒吕子祖谦像

先儒吕子祖谦像

吕子祖谦，字伯恭。其先莱人，祖好问随高宗南渡，始居婺州。祖谦之学本诸家庭，有中原文献之传，长从林之奇、汪应辰、胡宪游，既又友张栻、朱熹，讲索益精。举隆兴元年进士，累官著作郎兼国史院编修官。淳熙八年卒，年四十五。学者称东莱先生。祖谦学以关洛为宗，而旁稽载籍，心平气和，能贯串古今之学，一时英伟卓荦之士皆归心焉。奉诏纂《皇朝文鉴》一百五十卷，又著有《考定古周易》、《书说》、《阃范》、《官箴》、《辨志录》、《欧阳公本末》行世。嘉泰八年，赐谥成。嘉熙二年，改谥忠亮。景定二年，赠开封伯，从祀。明嘉靖九年，改称先儒吕子。东庑第五十一位。

先儒蔡子沉像

先儒蔡子沉像

蔡子沉，字仲默，建州建阳人，元定子。少从朱熹游，熹晚欲著《书传》，未及为，遂以属沉。《洪范》之数，学者久失其传，元定独心得之，然未及论著，曰："成吾书者，沉也。"沉受父师之命，沉潜反覆者数十年，然后成《书传》及《洪范皇极内篇》。年仅三十，屏去举子业，一以圣贤为师，隐居九峰。当世名卿物色之，将荐于朝，皆不就。绍定三年卒，年六十四，世称九峰先生。明正统元年，从祀，谥文正。成化三年，封崇安伯。嘉靖九年，改称先儒蔡子。东庑第五十二位。

先儒陆子九渊像

先儒陆子九渊像

陆子九渊，字子静，抚州金谿人。父贺，以学行为里人所宗。九渊少时，举止异凡儿，见者敬之。尝读古书，至宇宙二字，解者曰："四方上下曰宇，往古来今曰宙。"忽大省，曰："宇宙内事，乃己分内事；己分内事，乃宇宙分内事。"登乾道八年进士第。士争从之游，言论感发，闻（按：原作开，据《宋史》本传改）而兴起者众。授靖安主簿。淳熙中，诏主管台州崇道观。还乡，学者辐辏。每开讲席，户外屡满，耆老扶杖观听。自号象山翁，学者称象山先生。光宗即位，差知荆门军。逾年，政行令修，民俗为变。卒谥文安。九渊与兄九龄并讲贯理学，时号江西二陆。其学务穷本原，不为章句训诂，惟孔孟书是崇是信。谓：此心之良，天所与我，信口能及。此则宇宙无非至理，圣贤与我同类。尝与朱熹会鹅湖，论辨所学，多不合。及熹守南康，九渊访之，熹与至白鹿洞，九渊为讲"义利"章，熹以为切中学者深痼之病。惟无极而太极之辨，则贻书往来，论难不置。九渊晚年，亦深悔鹅湖旧说之非，甚欲着实看书，平心下气。而熹赠九渊诗亦有"旧学商量加邃密，新知培养转深沉"句，盖未常不始岐而终合云。明嘉靖九年，从祀，称先儒陆子。东庑第五十三位。

先儒陈子淳像（原书图阙）

陈子淳，字安卿，漳州龙溪人。少习举子业，林宗臣见而奇之，告曰："此非圣贤事业也。"因授以《近思录》。淳退而读之，遂尽弃其业焉。及朱熹守漳，淳从游郡斋，为学益力，日求其所未至。熹语人曰："南来吾道喜得安卿。"淳于书无不读，于物无不格，义理贯通，洞见条绪。嘉定十年，以特奏恩授迪功郎、泉州安溪主簿，未上而没，年六十五。所著有《语》、《孟》、《学》、《庸》口义，《字义详讲》，《礼》，《诗》，《女学》等书。门人称为北溪先生，录其语，号《筠谷濑口金山所闻》。国朝雍正二年，奉旨从祀，称先儒陈子。东庑第五十四位。

先儒魏子了翁像

先儒魏子了翁像

　　魏子了翁，字华父，邛州蒲江人。数岁从诸兄入学，俨如成人。稍长，英悟绝出，日诵千余言，过目不再览，乡里称为神童。从李燔、辅广游。登庆元五年进士第，历除校书郎。丁父忧解官，筑室白鹤山下，以所闻于燔、广者授徒，士争负笈从之，称为鹤山先生，由是蜀人尽知义理之学。嘉定中，历知诸州郡，化民善俗，治绩丕著，召为兵部郎中。宝庆元年，降官居清州。湖湘江浙之士，不远千里，负书从学。绍定四年，复职，累迁端明殿学士同签枢密院事，进封临邛郡侯。在朝前后章疏凡数十上，皆苦心空臆，直述事情，言人所难。嘉熙元年，改知福州福建安抚使，卒于任，赠太师、秦国公，谥文靖。所著有《鹤山集》、《九经要义》、《周易集义》、《易举隅》、《周礼井田图说》、《古今考》、《经史杂抄》、《师友雅言》。国朝雍正二年，奉旨从祀，称先儒魏子。东庑第五十五位。

先儒王子柏像 （原书图阙）

王子柏，字会之，婺州金华人。气禀雄伟，勇于求道，欲以身任天下之重。少慕诸葛亮为人，自号长啸，一日读《论语》，至"居处恭，执事敬"，惕然曰："长啸非圣门持敬之道。"乃更号鲁斋。闻何基常从黄榦得朱熹之传，即往从之，得闻立志居敬之旨。柏为学坚实坚苦，有疑必从基质之，于《论语》、《大学》、《中庸》、《孟子》、《通鉴纲目》，标注点校尤为精密。卒谥文宪。所著有《读易记》、《涵古易说》、《大象衍义》、《涵古图书》、《读书记》、《书疑》、《诗辨说》、《读春秋记》、《论语衍义》、《伊洛精义》（按：原作《伊洛经义》，据《宋史》本传改）、《研几图》、《书经章句》、《论语通旨》、《孟子通旨》、《书附传》、《左氏正传》、《续国语》、《阃学之书》、《文章复古》、《文章续古》、《濂洛文统》、《拟道志》、《朱子指要》、《诗可言》、《天文考》、《地理考》、《墨林考》、《大尔雅》、《六义字源》、《正始之音》、《帝王历数》、《江右渊源》、《伊洛精义杂志》、《周子》、《发遣三昧》、《文章指南》、《朝华集》、《紫阳诗类》、《家乘》、《文集》等书。国朝雍正二年，奉旨从祀，称先儒王子。东庑第五十六位。

先儒许子衡像

先儒许子衡像

许子衡，字仲平，怀州河内人。幼颖悟不凡，稍长，嗜学如饥渴。往来河洛间，从姚枢得程朱氏书，益大有得。寻居苏门，与枢及窦默日相讲习，慨然以斯道为己任。世祖在秦中，闻其名，征授京兆提学。及即位，召为太子太保，累官集贤大学士兼国子祭酒。至元十八年卒，年七十三。学者称鲁斋先生。衡真知力行，实见允蹈，斋居修日，肃如神明。其为学以明体达用为主，其修己以存心养性为要，其事君以责难陈善为务，其教人以洒扫应对为始、精义入神为终，虽时尚凿枘，不少变其规矩。善教人，其言煦煦，虽武人俗士、异端之徒，听之无不感悟者。所著有《鲁斋集》。大德二年，赠司徒，谥文正。至大二年，加赠太傅、开府仪同三司，封魏国公。皇庆二年，从祀。明嘉靖九年，改称先儒许子。东庑第五十七位。

先儒许子谦像

先儒许子谦像

　　许子谦，字益之，婺州金华人。父觟，淳祐进士，仕未显。谦幼孤，甫能言，世母陶口授《孝经》、《论语》，入耳辄不忘。稍长，肆力于学，虽疾恙不废读。既乃受业于仁山金履祥，尽得其所传之奥。于书无不读，穷探圣微，虽残文羡语，皆不敢忽。其他若天文地理、典章制度、食货刑法、字学音韵、医经术数之说，靡不该贯，旁及释老之言，亦洞究其蕴，辨其同异，别其是非。延祐初，隐居东阳金华山，学者不惮百舍重跰而至，著录者千余人，随其材分，皆有所得。独不以科举文授人，曰："此义利之所由分也。"不出里闬者四十年，四方之士，以不及门为耻。至晚节，独以身任正学之重，远近学者，以其身之安否为斯道之隆替焉。至元三年卒，年六十八。尝以白云山人自号，世称白云先生，赐谥文懿。其先是何基、王柏及金履祥没，朱子之学犹未大显，至谦而道乃益著，故学者推原统绪，以为朱子之世适。所著有《四书丛说》、《诗名物钞》、《读书传丛说》、《观史治忽几微》、《自省编》、《白云集》行世。国朝雍正二年，奉旨从祀，称先儒许子。东庑第五十八位。

先儒薛子瑄像

先儒薛子瑄像

薛子瑄，字德温，山西河津人。父贞，元氏教谕。瑄少即颖敏，日记千百言。年十二，以所作诗赋呈监司，监司奇之，欲以奇童荐，固辞。既而闻高密魏希文、海宁范汝舟深于理学，乃并师之。由是尽焚所作诗赋，究心洛闽渊源，至忘寝食。登永乐辛丑进士，累官礼部侍郎兼翰林院学士，入内阁，寻致仕。瑄学一本程朱，其修己教人，以复性为主，充养邃密，言动可法。尝曰："自考亭以还，斯道已大明，无烦著作，直须躬行耳。"有《读书录》二十卷，皆自言其所得。学者宗之，尊为河东夫子，亦称敬轩先生。天顺八年卒，年七十六，赠礼部尚书，谥文清。弘治九年，诏祀于乡。隆庆五年，从祀，称先儒薛子。东庑第六十位。

先儒王子守仁像

先儒王子守仁像

王子守仁，字伯安，浙江余姚人。南京吏部尚书华之子。弱冠，举乡试，登宏治十二年进士，授刑部主事。正德元年，以论救戴铣等忤刘瑾，谪贵州龙场驿丞。瑾诛，量移庐陵知县，累擢右佥都御史，巡抚南赣。宁王宸濠叛，发兵讨平之。世宗即位，论功封新建伯。嘉靖六年，总督两广，诏征思田，因平八寨。病乞致仕，行至南安卒，年五十七。守仁天姿异敏，过目成诵。年十七，谒上饶娄谅，与论朱子格物大旨，谓圣人可学而至，深有所契。谢病归，时筑室阳明洞中，研穷泛滥者数年，无所得。谪龙场，穷荒无书，日绎旧闻，忽悟格物致知当自求诸心，不当求诸事物。喟然曰："道在是矣。"遂笃信不疑，屹然以斯道为己任。虽旦夕军旅，与儒生讲学不废。其为教专以致良知为主，盖曰："无善无恶者心之体，有善有恶者心之用，知善知恶者良知，为善去恶者格物。"此其说之宗旨也。著述甚多，如《传习录》及《文集》，皆行于世。隆庆初，赠新建侯，谥文成。万历十二年，从祀，称先儒王子。东庑第五十九位。

先儒罗子钦顺像 （原书图阙）

罗子钦顺，字允升，江西泰和人。宏治六年进士及第，授编修。迁南京国子监司业，与祭酒章懋以实行教士。未几，以乞终养忤刘瑾，夺职为民。瑾诛，复官。上疏言四事，曰修德、曰勤政、曰作士气、曰审时宜，疏入留中。迁南京太常少卿。世宗即位，累迁礼部尚书，皆辞，乞致仕。时张璁、桂萼以议礼骤贵，秉政树党，屏逐正人，钦顺耻与同列，故屡诏不起。里居二十余年，足不入城市，潜心格物致知之学。王守仁以心学立教，钦顺与书往复辨论，后书未达，而守仁已没。钦顺为学，专力于穷理存心知性，初由释氏入，既悟其非，乃力排之，为著《困知记》，自号整庵。年八十三卒，赠太子太保，谥文庄。国朝雍正二年，奉旨从祀，称先儒罗子。东庑第六十一位。

先儒黄子道周像

先儒黄子道周像

黄子道周，字幼平，福建漳浦人。天启二年进士，改庶吉士，授编修。崇祯二年，进右中允，以疏刺大学士周延儒、温体仁，斥为民。九年，召复故官。十一年，充日讲官，迁少詹事，复以论大学士杨嗣昌夺情，贬江西按察使照磨，旋削籍下狱，戍广西。十五年，复故官，请假归。居久之，福王监国，起吏部左侍郎，趋朝陈进取九策，拜礼部尚书。明年三月，遣祭告禹陵，甫竣事，南都亡。见唐王聿键于衢州，奉表劝进，拜武英殿大学士。是时国势衰微，大帅逴愞观望不敢出。道周愤自请督师，进至婺源，战败就执。至江宁，幽别室中，囚服著书。临刑过东华门，坐不起，曰："此与高皇帝陵寝近，可死矣。"监刑者从之。年六十二。道周以文章风节高天下，忠言谠论，守正不阿，中遭贬窜，矢志不移，卒能致命成仁，完名全节。生平著述，皆阐明经旨，推究治道，囊括大典，体用兼该。而最湛深于《易经》、《孝经》，在狱中犹草《易图六十四象正》，手写《孝经》百二十本。其讲学浙闽，以格物致知为第一要义，而归宿于至善，独溯洛闽宗传。所居铜山在孤岛中，有石室，自幼坐卧其中，学者称石斋先生。所著有《易象正》、《三易洞玑》、《榕坛问业》等种。乾隆四十一年，赐专谥忠端。道光二年，奉旨从祀，称先儒黄子。东庑第六十二位。

先儒汤子斌像

先儒汤子斌像

汤子斌，字孔伯，河南睢州人。父祖契，州学生。斌幼即慕学，于书无不读，尤好习宋诸大儒书。顺治九年，成进士，授职词垣，旋擢潼关道，升岭北道参议。时巨寇李廷玉伏戎深山密箐中，斌设计擒获，地方以靖。终养回里，闻容城孙奇逢讲学苏门，赁驴往受业门下。归而所得益邃，所行亦益力，屹然推中原巨儒。复以荐起制科，授翰林院侍讲，超擢内阁学士。巡抚江苏，时吴中竞习豪侈，喜斗殴，素多淫祠，事五通神尤严。斌至，悉禁毁之，吴俗自是大变。又奏豁积年民欠，议减苏松赋额。擢礼部尚书，还京时，部民送者十万余人。改工部尚书。康熙二十六年，卒于位，年六十一。斌之学，其初用王守仁良知之言以立根脚，而居敬以立体，穷理以致用，既尊德性，仍道问学，能持新安、金谿之平。其居官时奏议，忠言谠论，剀切详明，正色立朝，始终一节。所著有《汤子遗书》、《洛学编》、《补睢州志》、《文集》等书，自号荆岘，晚又号潜庵。康熙□□□年，奉旨入祀陕西江西江南名宦祠。雍正十一年，奉旨入祀贤良祠。乾隆元年，赐谥文正。今上道光二年，奉旨从祀，称先儒汤子。东庑第六十三位。

先儒陆子陇其像

先儒陆子陇其像

陆子陇其，字稼书，浙江平湖人。父元，以儒术称。陇其自幼端重静默，颖悟过人。年十一，为文即原本经术。稍长，厉志圣贤之学，专以程朱为宗，居敬穷理，粹然一出于正，其于富贵利达泊如也。康熙九年，成进士，授嘉定知县。洁己爱民，力行节俭，抑胥吏，锄豪右，民俗丕变。去官之日，百姓攀留者数万人，既不得请，乃争立祠尸祝之。再补灵寿知县，惠政一如嘉定。行取试四川道监察御史，上疏极言时政，直声震天下，因与众不合，遂改调归家，仍以讲学著书为务。康熙三十一年卒，年六十有三。陇其德器粹然，文必载道，所著有《文集》十二卷、《外集》六卷、《四书大全》、《四书困勉录》、《四书讲义续编》、《松阳四书讲义》、《礼经会元》、《读礼随笔》、《读朱随笔》、《战国策去毒》、《呻吟语质疑》、《卫滨日钞》、《灵寿县志》等书，皆发明经学，讲求治理，有裨实用，学者宗之。雍正二年，奉旨从祀，称先儒陆子。乾隆元年，赠内阁学士，谥清献。东庑第六十四位。

卷四 西庑先贤像 一位至三十六位

先贤林子放像

先贤林子放像

林子放，字子邱，鲁人，或曰孔子门人。自鲁《论》问礼一事外，他无所考。按，《泰安郡志》：崇礼乡有放城集，相传为林放故里。乾隆己卯，掘地得古碑，字画俱已磨灭，隐隐见林放及唐太和二年数字。放城集，旧名放城镇，在郡城东南百八十里。唐开元二十七年，从祀，赠清河伯。宋大中祥符二年，封长山侯。明嘉靖九年，议正祀典，以《家语》、《史记》俱不载弟子列，改祀于乡。国朝雍正二年，奉旨复祀，称先贤林子。西庑第一位。

宋高宗赞：

礼之有本，子能启问。大哉斯言，光昭明训。德辉泰山，诬祭莫奋。崇兹祀典，盍永令闻。

先贤宓子不齐像

先贤宓子不齐像

宓子不齐，字子贱，鲁人。少孔子三十岁，古本《家语》云四十岁，《史记》云四十九岁。为单父宰，身不下堂，鸣琴而治。巫马期亦宰单父，以星出，以星入，日夜不处，以身亲之，而单父亦治。巫马期问于子贱，子贱曰："我任人，子任力。任人者佚，任力者劳。"人谓子贱则君子矣。所著书有《宓子》十六篇。《一统志》：葬凤阳府寿州东南六十里。旧有碑云：为鲁使吴，卒于道，因葬焉。按李涪说，不齐姓虙，作宓者非。《颜氏家训》曰：子贱即虙牺之后。《史记》列传作密不齐，密与宓古同字。《后汉书·伏湛传》说济南伏生即不齐之后，虙牺字又作伏，是伏与虙又古字通也。唐开元二十七年，从祀，赠单伯。宋大中祥符二年，封单父侯。明嘉靖九年，改称先贤宓子。西庑第二位。

宋高宗赞：

君子若人，单父之政。引肘痡君，放鱼禀令。传郭勿获，遂能制命。百代理邑，用规观政。一作善行。

先贤公冶子长像

先贤公冶子长像

公冶子长，古本《家语》作苌，范甯曰名芝字子长，白水碑作子之。《家语》云鲁人，《史记》云齐人。为人能忍耻，孔子以女妻之。《一统志》：葬琅邪姑幕东南五里。唐开元二十七年，从祀，赠莒伯。宋大中祥符二年，封高密侯。明嘉靖九年，改称先贤公冶子。西庑第三位。

宋高宗赞：

子长宏度，高出伦辈。虽在缧绁，知非其罪。纯德备行，夫子所采。以子妻之，尤知英概。

先贤公皙子哀像

先贤公皙子哀像

公皙子哀，《史记索隐》作尅，又本作克，字季次，齐人。《家语》字季沉，鲁人。读书怀独行君子之德，义不苟合当世，鄙天下多仕于私家者，故终身未尝屈节人臣。空室蓬户，褐衣蔬食不厌，孔子贤之。唐开元二十七年，从祀，赠郳伯。宋大中祥符二年，封北海侯。明嘉靖九年，改称先贤公皙子。西庑第四位。

宋高宗赞：

周衰伪隆，政在群公。廉耻道微，家臣聿崇。不为屈节，执默自容。子于是时，凛然清风。

先贤高子柴像

先贤高子柴像

高子柴，字子羔，《礼记》作子皋，《左传》作季羔，《家语》作子羔。齐大夫高傒十代孙也，《史记》、郑康成俱作卫人。少孔子三十岁，古本《家语》作四十岁。长不过六尺，状貌甚恶，然笃孝而有法。为成宰，成人化之。又为卫士师，刖人之足。俄而卫有蒯聩之乱，子羔走郭门，刖者守门焉，谓子羔曰："彼有缺。"子羔曰："君子不逾。"又曰："彼有窦。"子羔曰："君子不隧。"又曰："于此有室。"子羔入。追者罢，子羔将去，谓刖者曰："吾不亏主之法而亲刖子之足，今吾在难，正子报怨之时，而逃我者三，何哉？"刖者曰："断足固我之罪。曩者君治臣以法，临当论刑，君愀然不乐。君岂私臣哉？天生君子，其道固然，此臣之所以脱君也。"孔子闻之曰："善哉为吏！其用法一也，思仁恕则树德，加严暴则树怨，公以行之，其子羔乎？"《一统志》：葬峄县东五十里故兰陵城北。唐开元二十七年，从祀，赠共伯。宋大中祥符二年，封共城侯。明嘉靖九年，改称先贤高子。西庑第五位。

宋高宗赞：

婉彼子羔，受业先圣。宗庙之间，一出乎正。克笃于孝，非愚乃令。师知其生，有辉贤行。

先贤樊子须像

先贤樊子须像

樊子须，字子迟。齐人，少孔子三十六岁。《家语》鲁人，少四十六岁。少仕于季氏，齐伐鲁及清，冉求帅左师，子迟为右。季孙曰："须也弱。"冉求曰："年虽少，能用命焉。"战于郊，齐师自稷曲，师不逾沟。子迟曰："非不能也，不信子也。请三刻而逾之。"如之，众从之。按，白水碑谓须字子达，迟字子缓，分为二人，未知何据。王符说樊姓有二，姬姓仲山甫之后，以邑为氏者也，又商人七族，樊氏之后。唐开元二十七年，从祀，赠樊伯。宋大中祥符二年，封益都侯。明嘉靖九年，改称先贤樊子。西庑第六位。

宋高宗赞：

养才以道，圣人兼济。始谓非仁，问辩良喜。寓志农圃，似暌仁义。学稼之辞，岂姑舍是。

先贤商子泽像

先贤商子泽像

商子泽，字子季，《家语》字子秀，鲁人。唐开元二十七年，从祀，赠睢阳伯。宋大中祥符二年，封邹平侯。明嘉靖九年，改称先贤商子。西庑第七位。

宋高宗赞：

邈矣子季，睢阳是伯。屏息受业，延教登席。未践四科，固涉六籍。祀典载之，好是正直。

先贤梁子鳣像

先贤梁子鳣像

梁子鳣，或作鲤，字叔鱼，齐人。少孔子二十九岁，古本《家语》云三十九岁。年三十未有子，欲出其妻，商瞿谓曰："子未也。昔吾年三十八无子，吾母为吾更取室，夫子使吾之齐，母欲请留吾，孔子曰：'无忧也，瞿过四十，当有五丈夫。'今果然。吾恐子自晚生耳，未必妻之过。"从之，二年而有子。唐开元二十七年，从祀，赠梁伯。宋大中祥符二年，封千乘侯。明嘉靖九年，改称先贤梁子。西庑第八位。

宋高宗赞：

室家壮年，无子则逐。见于信史，全齐之俗。原本厥初，师言可复。以学则知，揆之宜笃。

先贤冉子孺像

先贤冉子孺像

冉子孺，《史记》字子鲁，一作曾，《家语》作儒，字子鱼。鲁人，少孔子五十岁。唐开元二十七年，从祀，赠郜杭碑作纪伯。宋大中祥符二年，封临沂侯。明嘉靖九年，改称先贤冉子。西庑第九位。

宋高宗赞：

纪伯子鲁，圣学是务。厉己斯约，好问乃裕。周旋中规，容止可度。允矣昔贤，后世所慕。

先贤伯子虔像

先贤伯子虔像

伯子虔，古本《家语》作处，字子皙，《史记》作子析，今本《家语》作子楷。鲁人，少孔子五十岁。唐开元二十七年，从祀，赠邹伯。宋大中祥符二年，封沐阳侯。明嘉靖九年，改称先贤伯子。西庑第十位。

宋高宗赞：

有怀子析，全鲁之彦。儒行既名，聊伯乃建。兢兢受道，奕奕峨弁。懿选嘉封，世享馨荐。

先贤冉子季像

先贤冉子季像

冉子季，字子产，或作冉季产，又作子达，鲁人。唐开元二十七年，从祀，赠东平伯。宋大中祥符二年，封诸城侯。明嘉靖九年，改称先贤冉子。西庑第十一位。

宋高宗赞：

东平子产，姓著盛时。奉师于塾，讲道之微。答问甚敏，渊妙以思。升降陛廉，尚想英姿。

先贤漆雕子徒父像

先贤漆雕子徒父像

漆雕子徒父，字子有，《家语》作从，字子文，或作子友，杭碑作子期。鲁人。唐开元二十七年，从祀，赠须句伯。宋大中祥符二年，封高宛或作苑侯。明嘉靖九年，改称先贤漆雕子。西庑第十二位。

宋高宗赞：

遐思子期，挟策圣帷。涉道是嗜，微爵可縻。在德既贤，在名乃垂。洋洋之风，逮今四驰。

先贤漆雕子哆像

先贤漆雕子哆像

漆雕子哆音耻，今本《家语》作侈，字子敛，或作漆雕敛。鲁人。唐开元二十七年，从祀，赠武城伯。宋大中祥符二年，封濮阳侯。明嘉靖九年，改称先贤漆雕子。西庑第十三位。

宋高宗赞：

子敛受封，爰居武城。亹亹其闻，翩翩其英。抠衣时习，愿学日明。诞敷孔教，爵里疏荣。

先贤公西子赤像

先贤公西子赤像

公西子赤，字子华。鲁人，少孔子四十二岁。习于礼容应对。子贡曰："齐庄而能肃，志通而好礼，摈相两君之事，笃雅有节，公西赤之行也。"夫子曰："二三子之欲学宾客之礼者，其于赤也。"至观其于养亲，则若与朋友处然，恩胜礼也。夫子之丧，公西赤为志焉，盖备三王之制以尊师云。《一统志》：葬大名府东明县闵子墓东。唐开元二十七年，从祀，赠邵伯《通典》、《通考》作郜。宋大中祥符二年，封钜野侯。明嘉靖九年，改称先贤公西子。西庑第十四位。

宋高宗赞：

学者行道，敝缊亦称。使齐光华，偶为肥轻。周急之言，君子所令。答问允严，理著先经。

先贤任子不齐像

先贤任子不齐像

任子不齐，《史记》字选，楚人，《家语》作子选。唐开元二十七年，从祀，赠任城伯。宋大中祥符二年，封当阳侯。明嘉靖九年，改称先贤任子。西庑第十五位。

宋高宗赞：

任成建伯，其表曰选。淑闻雅驰，才华清远。竞辰力行，爱日黾勉。孔教崇崇，令绪显显。

先贤公子良孺像

先贤公子良孺像

公子良孺，《家语》作儒，字子正。陈人。贤而有勇。孔子去陈适卫，过蒲会，公叔氏以蒲畔止孔子。时子正以私车五乘从，谓曰："吾昔从夫子遇难于匡，今又遇难于此，命也已。吾与夫子再罹难，宁斗而死。"斗甚疾，蒲人惧，乃要盟，毋适卫而出孔子。按，《广韵》：公良复姓。唐开元二十七年，从祀，赠东牟伯。宋大中祥符二年，封牟平侯。明嘉靖九年，改称先贤公子。西庑第十六位。

先贤公子肩定像

先贤公子肩定像

公子肩定，或作公有，《家语》作公肩，字子仲，《史记》作公坚定，字子中，或作子忠。鲁人，或曰卫人，或曰晋人。唐开元二十七年，从祀，赠新田伯。宋大观四年，封梁父侯。明嘉靖九年，改称先贤公子。西庑第十七位。

宋高宗赞：

公氏子忠，圣门之俊。修行文学，恒存忠信。道究一中，墙依数仞。梁父受封，荣名益振。

先贤郯子单像

先贤郯子单像

郯音谈子单，或作邹，字子家。鲁人。按，《史记》有，《家语》无。唐开元二十七年，从祀，赠铜鞮伯。宋大观四年，封聊城侯。明嘉靖九年，改称先贤郯子。西庑第十八位。

宋高宗赞：

杏坛受教，子家其英。抠衣侍立，善训思明。学业益进，德誉斯馨。宜崇厥祀，宠爵聊城。

先贤罕父子黑像

先贤罕父子黑像

罕父子黑，今本《家语》作宰父黑，字子黑，古本《家语》及《史记》皆作子索，或作子素。鲁人。按，《氏族略》无罕父氏，止有宰父氏，注云：孔子弟子某者，当作宰父氏为是。唐开元二十七年，从祀，赠乘邱伯。宋大观四年，封祁乡侯。明嘉靖九年，改称先贤罕父子。西庑第十九位。

宋高宗赞：

循循子素，从游阙里。分席杏坛，饮彼泗水。四教克遵，百行均美。锡壤祁乡，式崇厥祀。

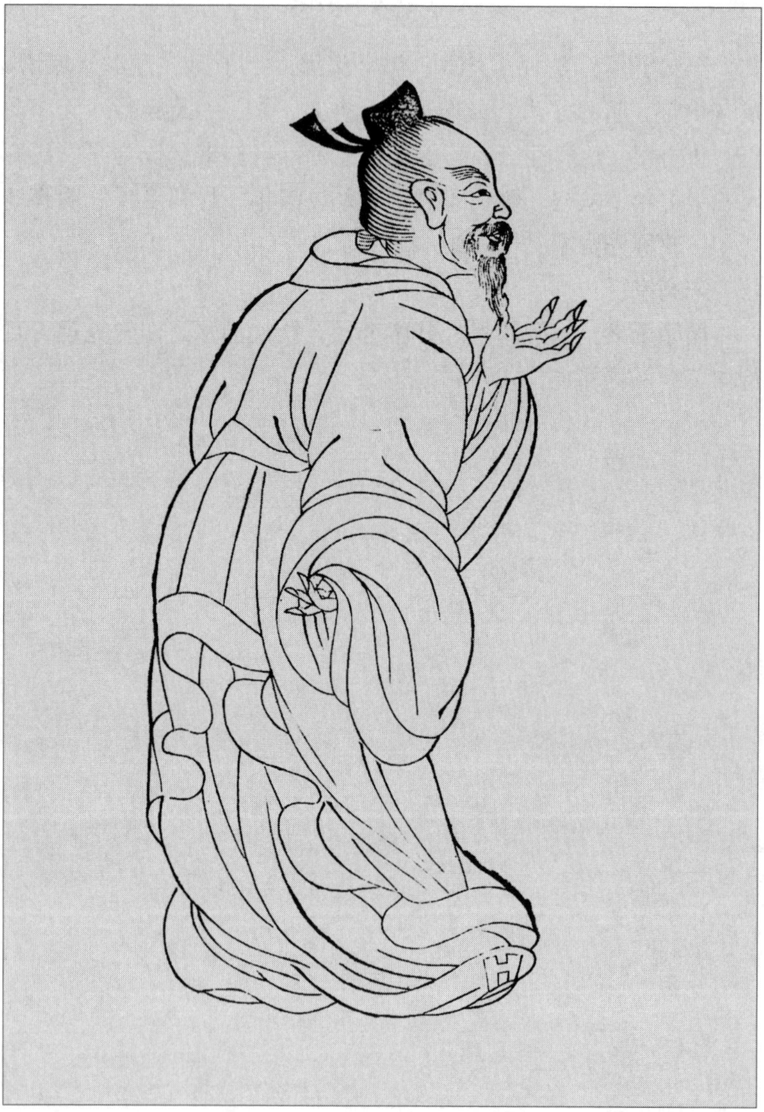

先贤荣子旂像

先贤荣子旂像

荣子旂，《家语》作祈，字子旗，杭碑子祺，古本《家语》字子颜。鲁人。唐开元二十七年，从祀，赠雩娄伯。宋大中祥符二年，封厌次侯。明嘉靖九年，改称先贤荣子。西庑第二十位。

宋高宗赞：

伯兹雩娄，务学实著。三千之徒，七十是预。匪善莫行，惟德乃据。纪于前书，式彰厥誉。

先贤左子人郢像

先贤左子人郢像

左子人郢，《家语》作左郢，字子行，《史记》云字行。鲁人。按，《通志略》曰：左人，以官为姓也，如封人、雍人之类，称左子似误。唐开元二十七年，从祀，赠临淄伯。宋大中祥符二年，封南华侯。明嘉靖九年，改称先贤左子。西庑第二十一位。

宋高宗赞：

伯彼临淄，左行称贤。希踪十哲，秀颖三千。心悦诚服，家至户传。乐只君子，交声益宣。

先贤郑子国像

先贤郑子国像

郑子国，字子徒，鲁人。《家语》作薛邦，字子从。按，《史记》邦作国者，汉避高帝讳，薛曰郑者，字讹也。或为薛邦、郑国两人，似误。唐开元二十七年，从祀，赠荥阳伯。宋大中祥符二年，封朐山侯。明嘉靖九年，改称先贤郑子。西庑第二十二位。

宋高宗赞：

伯夫荥阳，实惟令德。优入圣门，过不留迹。道以目传，妙则心识。猗欤伟欤，后代之式。

先贤原子亢像

先贤原子亢像

原子亢，字子籍，《史记》作原亢籍，古本《家语》作原忼，字籍，又作原桃，《正义》亢作冗。鲁人。唐开元二十七年，从祀，赠莱芜伯。宋大观四年，封乐平侯。明嘉靖九年，改称先贤原子。西庑第二十三位。

宋高宗赞：

原氏子籍，从尼父游。潜心坟典，其业允修。出言可式，入圣则优。乐平宠袭，克振儒流。

先贤廉子洁像

先贤廉子洁像

廉子洁，《家语》作絜，字子庸，杭碑作庸，今本《家语》作子曹。卫人，《古史》作齐人。唐开元二十七年，从祀，封莒父伯。宋大观四年，封胙城侯。明嘉靖九年，改称先贤廉子。西庑第二十四位。

宋高宗赞：

兄弟之邦，上有廉庸。涵泳素教，表揭儒宗。杏坛探赜，洙泗从容。作兴一时，莒父其封。

先贤叔仲子会像

先贤叔仲子会像

　　叔仲子会，《文翁图》作哙，字子期。鲁人，郑康成曰晋人。少孔子五十四岁，一云五十岁。与孔璇年相比，二孺子俱执笔迭侍于夫子，孟武伯见孔子而问曰："此二孺子之幼也，于学岂能尽识于壮者哉?"孔子曰："然少成若天性，习惯如自然也。"唐开元二十七年，从祀，赠瑕邱伯。宋大中祥符二年，封博平侯。明嘉靖九年，改称先贤叔仲子。西庑第二十五位。

　　宋高宗赞：

　　瑕邱祚邑，子期是为。亲训有日，广业于时。四教允隆，五常以持。比肩杰俊，闻望斯垂。

先贤公西子舆如像

先贤公西子舆如像

公西子舆如，字子上，《史记》作公西舆。鲁人。唐开元二十七年，从祀，赠重邱伯。宋大中祥符二年，封临朐侯。明嘉靖九年，改称先贤公西子。西庑第二十六位。

宋高宗赞：

杏坛启教，高弟如云。贤哉子上，敬业乐群。居仁由义，崇礼修文。临朐锡爵，永播清芬。

先贤邽子巽像

先贤邽子巽像

邽音圭子巽，字子敛，鲁人。《家语》作邦选，字子饮，《文翁图》作国选，盖避汉讳也。唐开元二十七年，从祀，赠平陆伯。宋大中祥符二年，封高堂侯。明嘉靖九年，改称先贤邽子。西庑第二十七位。

宋高宗赞：

彼美邽子，先圣是承。墙仞已及，堂陛将升。良玉斯琢，寒水必冰。锡壤平陆，茂实昭腾。

先贤陈子亢像

先贤陈子亢像

陈子亢，字子亢，一字子禽。陈人，少孔子四十岁。陈子车死于卫，其妻与其家大夫谋以殉葬，定而后陈子亢至，以告曰："夫子疾莫养于下，请以殉葬。"子亢曰："以殉葬非礼也，虽然，则彼疾当养者，孰若妻与宰？得已，则吾欲已；不得已，则吾欲以二子者之为之也。"于是弗果用。《一统志》：墓在河南开封府太康县北。唐开元二十七年，从祀，赠颍伯。宋大中祥符二年，封南顿侯。明嘉靖九年，改称先贤陈子。西庑第二十八位。

宋高宗赞：

惟禽之问，从容其鲤。求以异闻，诗礼云尔。请一得三，诚退而喜。且知将圣，不私其子。

先贤琴子张像

先贤琴子张像

　　琴子张，又名牢，字子开。卫人。按，《庄子》有与子桑户、孟之反三人为友及临尸而歌事，本庄子寓言，不可为据。唐开元二十七年，从祀，赠南陵伯。宋大中祥符二年，封顿邱侯。政和元年，改封平阳侯。明嘉靖九年，改称先贤琴子。西庑二十九位。

　　宋高宗赞：

　　多能鄙事，圣人曲意。惟其知之，是以不试。宗鲁虽友，吊必以义。尚师嘉言，祀亦罔替。

先贤步子叔乘像

先贤步子叔乘像

步子叔乘，《家语》作椉古体乘字，字子车，一作少叔乘。齐人。唐开元二十七年，从祀，赠淳于伯。宋大中祥符二年，封博昌侯。明嘉靖九年，改称先贤步子。西庑第三十位。

宋高宗赞：

勉勉子车，封邑淳于。亲炙避席，唯诺趋隅。发微既博，雅道是扶。抑可尚也，不亦美乎？

先贤秦子非像

先贤秦子非像

秦子非，字子之。鲁人。唐开元二十七年，从祀，赠汧阳伯。宋大中祥符二年，封华亭侯。明嘉靖九年，改称先贤秦子。西庑第三十一位。

宋高宗赞：

乐善哲士，伯于汧阳。传道克正，垂名允臧。执德以弘，用心必刚。衮广业履，式赞素王。

先贤颜子哈像

先贤颜子唅像

颜子唅，字子声。鲁人。唐开元二十七年，从祀，赠朱虚伯。宋大中祥符二年，封济阴侯。明嘉靖九年，改称先贤颜子。西庑第三十二位。

宋高宗赞：

褒锡朱虚，在器轮舆。儒室振领，圣门曳裾。贤业素蕴，美才以摅。百世不刊，载观成书。

先贤颜子何像（原书图阙）

颜子何，字冉，古本《家语》以字称。鲁人。按，《史记》有，今本《家语》无。唐开元二十七年，从祀，赠开阳伯。宋大中祥符二年，封堂邑侯。明弘治元年，少詹事程敏政请正祀典，疑秦冉、颜何字画相近之误，而罢其配。国朝雍正二年，奉旨复祀，称先贤颜子。西庑第三十三位。

先贤县子亶像 （原书图阙）

县子亶，《索隐》作县丰，《广韵》注作县亶父，字子象。鲁人。按，《家语》有，《史记》无。王应麟曰：县丰，唐宋封爵皆不及，《檀弓》有县子，岂其人与？而《广韵》注子象为孔子门人，或云即《史记》之鄡单也。国朝雍正二年，奉旨从祀，称先贤县子。西庑第三十四位。

先贤乐正子克像 （原书图阙）

乐正子克，字子敖。鲁人。孟子弟子，备考。其先世乐官之长，子孙因以为姓。案，乐正克盖乐正子春之后，《列子·仲尼篇》有乐正子舆，或疑是克之子。宋政和五年，配享孟子，封利国侯。国朝雍正二年，奉旨从祀孔庙，称先贤乐正子。西庑第三十五位。

先贤万子章像 （原书图阙）

　　万子章，《史记·孟子列传》："所如者不合，退而与万章之徒序《诗》、《书》，述仲尼之意，作《孟子》七篇。"《一统志》：葬邹县西南。又云济南新城县。南宋政和五年，从祀孟子，封博兴伯。国朝雍正二年，奉旨从祀孔庙，称先贤万子。西庑第三十六位。

卷五　西庑先贤儒像　三十七位至六十四位

先贤周子敦颐像

先贤周子敦颐像

周子敦颐，字茂叔，道州人。本名敦实，避宋英宗讳改焉。谏议大夫辅成之子。幼孤，依舅氏龙图阁学士郑向。景祐三年，奏分宁主簿，历官虞部郎中，知南康军，因家庐山莲花峰下。熙宁六年卒，年五十七。敦颐博学力行，闻道甚早，遇事刚果，有古人风，为政精密严恕，务尽道理，以名节自砥砺，奉己甚约，俸禄尽以周宗族宾友，家或无百钱之储。李初平卒，子幼，护其丧归葬之，又往来经纪其家，终始无懈。及归，妻子饘粥或不给，亦旷然不以为意也。雅有高趣，尤乐山水，遇适意处，或徜徉终日。庐山之麓，有溪发源莲花峰下，洁清绀寒，下合于溢江，乐之，因自号濂溪，而筑书堂其上。豫章黄庭坚称其人品甚高，胸怀洒落，如光风霁月。所著《太极图》，明天理之根源，究万物之终始。又著《通书》四十篇，发明太极之蕴，序者谓其言约而道大，文质而义精，得孔孟之本源，大有功于学者也。程颢及弟颐往受业，敦颐每令寻孔颜乐处。颢尝曰："自再见茂叔后，吟风弄月以归，有吾与点也之意。"二程之学，源流于此。学者称濂溪先生。嘉定十三年，谥曰元。淳祐元年，从祀，封汝南伯。元延祐三年，封道国公。明嘉靖九年，改称先儒周子。崇祯十五年，称先贤周子。西庑第三十七位。

先贤程子颢像

先贤程子颢像

　　程子颢，字伯淳，河南洛阳人。大中大夫珦之子。十岁赋《酌贪泉诗》，先达许其有志操。十二三居庠序中，如老成人。登嘉祐二年进士第，授鄠县主簿，累官至太子中允，监察御史里行，改知扶沟县。哲宗立，召为宗正，未任而卒，年五十四。颢资性过人，充养有道，和粹之气，盎于面背，遇事优为，虽当仓卒，不动声色。十五六时，闻周茂叔论学，慨然有求道之志。泛滥于诸家、出入于老释者几十年，返求诸六经而后得之。明于庶物，察于人伦。知尽性至命，必本于孝弟；穷神达化，由通于礼乐。辨异端似是之非，开百代未明之惑，自秦汉以来，未有臻斯理者也。教人自致知至于知止，诚意至于平天下，洒扫应对至于穷理尽性，循循有序。其卒也，士大夫识与不识，莫不哀伤焉。文彦博题其墓曰明道先生，其弟颐序之曰：周公没，圣人之道不行；孟轲死，圣人之学不传。道不行，百世无善治；学不传，千载无真儒。无善治，士犹得以明夫善治之道；无真儒，则贸贸焉不知所之。人欲肆而天理灭矣。先生生于千四百年之后，得不传之学于遗经，以兴起斯文为己任，辨异端，辟邪说，使圣人之道焕然复明于世，盖自孟子之后，一人而已。嘉定十三年，谥曰纯。淳祐元年，从祀，封河南伯。元至顺元年，封豫国公。明嘉靖九年，改称先儒程子。崇祯十五年，称先贤程子。西庑第三十八位。

先贤邵子雍像

先贤邵子雍像

邵子雍，字尧夫，其先范阳人。父古，徙衡漳，又徙共城。雍年三十游河南，葬其亲伊水上，遂家焉。雍于书无所不读，始学于百源，坚苦刻厉者数年，已而叹曰："昔人尚友于古，而吾犹未及四方。"于是逾河汾，涉淮汉，周流齐鲁宋郑之墟，久之幡然来归，曰："道在是矣。"遂不复出。时富弼、司马光、吕公著诸贤退居洛中，雅敬雍，恒相过从，为市园宅，雍名其居曰安乐窝，因自号安乐先生。嘉祐、熙宁间，大臣屡荐不起。熙宁十年卒，年七十六，赠秘书省著作郎。雍高明英迈，迥出千古，清而不激，和而不流，人与交久，益尊信之。程颢初侍其父，识雍，论议终日，退而叹曰："尧夫内圣外王之学也。"雍智虑绝人，遇事能前知。程颐曰："其心虚明，自能知之。"葬伊川先茔，颢为铭其墓，称雍之道纯一不杂，就其所至，可谓安且成矣。所著书曰《皇极经世》、《观物内外篇》、《渔樵问对》，诗曰《击壤集》。元祐元年，谥康节。咸淳三年，从祀，封新安伯。明嘉靖九年，改称先儒邵子。崇祯十五年，称先贤邵子。西庑第三十九位。

先儒榖梁子赤像

先儒穀梁子赤像

　　穀梁子赤，一名淑，字元始。杨士勋疏名俶，颜师古曰名喜。山东兖州府人。吴兢《书目》：为秦孝公时人。孔子以《春秋》之说授子夏，子夏授穀梁，穀梁作传以授孙卿。至汉宣帝时穀梁之学大盛，于是有尹、胡、申章、房氏之学。唐贞观二十一年，从祀。宋大中祥符二年，封龚邱伯或作龚邱伯。政和元年，改封睢陵伯。咸淳三年，封睢阳侯。明嘉靖九年，改称先儒穀梁子。西庑第四十位。

先儒伏子胜像

先儒伏子胜像

　　伏子胜，字子贱，济南人。善治书，秦焚书时，伏生为博士，独壁藏之。其后兵大起流亡，及汉定，归求其书，已亡数十篇，独得二十八篇，即以教于齐鲁之间。文帝闻伏生，欲召之，时年九十余，老不能行，乃命晁错往受焉。伏生作《尚书传》四十一篇，授同郡张生及千乘欧阳生，生授同郡儿宽，宽授欧阳生之子世，世传至曾孙高，谓之欧阳学。张生授夏侯都尉，都尉授族子始昌，始昌传族子胜，为大夏侯之学。胜传从子建，别为小夏侯之学。故书有欧阳、大小夏侯三家并立，迄汉东京相传不绝，而欧阳最盛，大率皆本于伏生，所谓今文《尚书》也。唐贞观二十一年，从祀。宋大中祥符二年，封乘氏伯。明嘉靖九年，改称先儒伏子。西庑第四十一位。

先儒后子苍像

先儒后子苍像

后子苍，字近君，东海郯人。从孟卿受礼，在曲台校书，因说礼数万言，号曰《后氏曲台记》。苍授沛人闻人通、梁人戴德及德从兄子圣。德又取刘向所校二百十四篇，删其烦重，合而记之，为八十五篇，谓之《大戴记》。圣又删大戴之书为四十六篇，谓之《小戴记》。汉末马融传小戴之学，又足《月令》一篇，《明堂位》一篇，《乐记》一篇，合四十九篇，而郑康成为之注。苍前汉宣帝二年为博士，官至少府。明嘉靖九年，考古求礼，以苍为礼之宗，诏从祀，称先儒后子。西庑第四十二位。

先儒董子仲舒像

先儒董子仲舒像

董子仲舒，广川人。少治《春秋》，孝景时为博士，下帷讲诵，弟子传书以次相授业，或莫见其面，三年不窥园。武帝时以贤良对策为江都相，复相胶西，两相骄王，正身以率下，数上疏谏争，教令国中，所居而治。及去位归居，以修学著书为事。朝廷如有大议，使使者就问之，其对皆有明法。仲舒对策，推明孔氏，抑黜百家，立学校之官，州郡举茂才孝廉，皆自仲舒发之，年老寿终于家。所著皆明经术之意，及上疏条教，凡百二十三篇。而说《春秋》事得失，《闻举》、《玉杯》、《繁露》、《清明》、《竹林》之属复数十篇，十余万言，皆传于世。元至顺元年，从祀。明洪武二十九年，封江都伯。成化二年，改封广川伯。嘉靖九年，改称先儒董子。西庑第四十三位。

先儒杜子春像

先儒杜子春像

杜子春，或作子春，缑氏人。永平初，年且九十，家于南山，通《周官》，教授乡里。初，秦始皇见《周官》书，深恶之，禁绝不传。汉武帝时，有李氏得之，上河间献王，阙《冬官》一篇，购之不得，遂取《考工记》补成六篇，上之秘府。成帝时，刘歆校秘书见之，始著于《略》。王莽时，置博士弟子，惟子春在，颇识其说。而郑众、贾逵又以经书转相考证，逵因作《周官解》，后马融复作《周官传》以授郑康成，康成又作《周官注》，皆祖子春云。唐贞观二十一年，从祀。宋大中祥符二年，封缑氏伯。明嘉靖九年，改称先儒杜子。西庑第四十四位。

先儒范子宵像

先儒范子甯像

范子甯，字武子，南阳顺阳人。少笃学，多所通览。时以浮虚相扇，儒雅日替。甯以为其源始于王弼、何晏，二人之罪，深于桀纣，乃著论以广其意。为豫章太守，在郡大设庠序，远近至者千余人，并取郡四姓子弟皆充学生，课读五经。时陈留范宣博综群书，尤善三礼，隐于豫章，以诵读为业。谯国戴逵等闻风至，讽诵之声，有若齐鲁。甯在郡亦儒博通综，立乡学教授，江州人士多化之，由是当时称二范焉。甯既免官，家于丹阳，犹勤学终年不辍。年六十三，卒于家。著有《春秋穀梁氏集解》。唐贞观二十一年，从祀。宋大中祥符，封新野伯。明嘉靖九年，张璁奏改祀于乡。国朝雍正二年，奉旨复祀，称先儒范子。西庑第四十五位。

先儒韩子愈像

先儒韩子愈像

韩子愈，字退之，邓州南阳人。父仲卿，为武昌令，有美政，终秘书郎。愈少孤，自知读书，日记数千言。比长，尽通六经百家之学。贞元八年，举进士第。元和十年，为考功郎中，上言淮西可平状，力劝宪宗执断，勿惑群议，遂为行军司马，佐裴度平淮西，迁刑部侍郎。十四年，以谏迎佛骨，贬潮州刺史。潮有鳄鱼之患，为文祝之，鳄鱼即徙去。长庆二年，为兵部侍郎。王廷凑作乱，诏愈宣抚，愈至贼庭，大声诘责，即散廷凑兵。转吏部侍郎。四年，卒，年五十七，赠礼部尚书，谥曰文。愈性明锐不诡，随与人交，始终不少变。成就后进，士往往知名。其文章深探元本，卓然树立，成一家言。而《原道》、《原性》等篇，皆奥衍宏深，与孟轲、扬雄相表里，而佐佑六经。自晋迄隋，佛老显行，圣道不断如带，诸儒倚天下正议，助为怪神，愈独喟然引圣争四海之惑。没后其言大行，学者仰之如泰山北斗云。著有《昌黎集》行世。宋元丰七年，从祀，封昌黎伯。明嘉靖九年，改称先儒韩子。西庑第四十六位。

先儒范子仲淹像

先儒范子仲淹像

范子仲淹，字希文，苏州吴县人。少居南都，刻苦读书五年，大通六经之旨，为文章论说，必本于仁义。大中祥符八年，登进士第。仁宗时，为右司谏，极论时政。历数州，所至有惠政。康定元年，以龙图阁学士知延州，恩信大洽，西贼不敢辄犯其境。谏官欧阳修等言仲淹有相材，遂改参知政事。帝开天章阁，召二府条对，仲淹上十事，悉采用之，宜著令者，皆以诏书画一颁下。卒年六十四，谥文正，封楚国公。帝亲书其碑，曰褒贤之碑。仲淹少有大节，于富贵贫贱毁誉欢戚不一动其心，而慨然有志于天下，常自诵曰："士当先天下之忧而忧，后天下之乐而乐。"其事上遇人，内刚外和，性至孝，好施予，置义庄以赡族人，虽里巷之人，皆能道其名字。国朝康熙五十四年，奉旨从祀，称先儒范子。西庑第四十七位。

卷五　西庑先贤儒像

先儒胡子瑗像

先儒胡子瑗像

胡子瑗，字翼之，泰州海陵人。少时与晋州孙复、兖州石介同读书泰山，十年不归。明道间，以经术教授吴中。范仲淹荐于朝，白衣召对，除保宁节度推官，教授湖州。瑗在湖学，以经学时务为教，立经义、治事二斋，令学者明圣人之体用（按：原作同，据《宋元学案》等改）以为政教之本。皇祐五年，召为国子监直讲，既居太学，其徒益众，礼部所得士，十常居四五。嘉祐元年，擢太子中允，天章阁侍讲，仍治太学。既而以疾致仕。四年，卒于杭州，年六十七，初谥安定，后改文昭。所著有《资圣集》、《景祐乐议》、《口义》、《中庸解》、《春秋口义》、《言行录》。明嘉靖九年，从祀，称先儒胡子。西庑第四十八位。

先儒杨子时像

先儒杨子时像

　　杨子时，字中立，南剑将乐人。幼颖异，八岁能为文，稍长，潜心经史。登熙宁九年进士第，调官不赴。师礼见程颢于颍昌，颢卒，又见程颐于洛。杜门积学，渟蓄涵浸，人莫能测者。几十年历知州县，不求闻达，而德望日重，四方之士，不远千里从之游。号曰龟山先生。官至工部侍郎，龙图阁直学士。绍兴元年致仕，优游林泉，以著书讲学为事。五年，卒，年八十三，谥文靖。时天资夷旷，济以学问，充养有道，德器早成，闲居和乐，色笑可亲，临事裁处，声色不动。推本孟子性善之说，发明《中庸》、《大学》之道，有欲知方者，为指其趣，无所隐也。居谏省时，凡所论列，皆切于世道，而其大者，则辟王氏经学，排靖康和议，使邪说不作。盖南闽理学，实时为之倡，而朱熹、张栻之学，其原委脉络，皆出于时焉。著有《三经义辨》行世。明弘治九年，从祀，赠将乐伯。嘉靖九年，改称先儒杨子。西庑第四十九位。

先儒罗子从彦像

先儒罗子从彦像

　　罗子从彦，字仲素，南剑沙县人。自幼颖悟，不为言语文字之学。及长，坚苦刻厉，笃意求道。闻同郡杨时得河南程氏学，时为萧山令，遂徒步往学焉。初见三日，即尽识旧学之非，时亦喜，尽以心传之秘语之。既而筑室山中，终日端坐，间谒时将乐溪上，吟咏而归，充然自得焉。晚就特科，授博罗主簿。绍兴中，卒于官。学者称豫章先生。淳祐间，赐谥文质。从彦清介绝俗，虽里人鲜克知之，而同郡李侗、新安朱松，执弟子之礼焉。侗称其性明而修，行完而洁，扩之以广大，体之以仁恕，精深微妙，各极其至。至于不言而饮人以和，与人并立而使人化，如春风发物，盖亦莫知其所以然也。所著有《遵尧录》、《春秋毛诗解》、《中庸说》、《论孟解》、《议论要语》、《台衡录》、《春秋指归》行于世。明万历四十七年，从祀，称先儒罗子。西庑第五十位。

先儒李子偶像

先儒李子侗像

　　李子侗，字愿中，南剑剑浦人。少游乡校有声。年二十四，闻郡人罗从彦得河洛之学，遂往从焉，累年受《春秋》、《中庸》、《语》、《孟》之说，从容潜玩久之，尽得其奥。于是退居山田，谢绝世故，余四十年，饮食或不充，而怡然自适。时新安朱松与侗为同门友，雅重侗，遣子熹从学，熹卒得其传。卒年七十一。学者称延平先生。熹尝称侗姿禀劲特，气节豪迈，而充养完粹，无复圭角，色温言厉，神定气和，平日恂恂于事，若无甚可否，及酬酢事变，断以义理，截然不可犯。早岁闻道，即弃场屋，若无意于当世。然忧时论事，感激动人，其语治必以明天理、正人心、崇节义、厉廉耻为先，本末备具，可举而行，非特空言而已。又谓自从侗学辞去复来，则所闻益超绝，其上达不已，日新如此。明万历四十七年，从祀，称先儒李子。西庑第五十一位。

先儒张子栻像

先儒张子栻像

张子栻，字敬夫。剑南绵竹人。魏国忠献公浚子也。生有异质，颖悟夙成。及长，从胡宏学，益自奋励，以古圣贤自期，作《希颜录》一篇，早夜观省，用自警策。以荫补承务郎。淳熙五年，除秘阁修撰，荆湖北路转运副使。七年，诏以右文殿修撰提举武夷山冲祐观。病且死，犹手疏劝上亲君子、远小人。卒年四十八。初栻自师宏后，所造既深邃，未敢自足，又取友四方，益求其所未至，讲玩体验，反覆不置者十余年，然后反而得乎简易平实之地。其所以笃于君亲、一于道义而没世不忘者，盖实有以见其不能自已，初非勉慕而强为之。朱熹尝言：己之学铢积寸累而后成，如敬夫，则大本卓然，先有见者也。所著有《太极图》、《经世编年》、《论语说》。学者称南轩先生。嘉泰八年，赐谥宣。景定二年，从祀，追封华阳伯。明嘉靖九年，改称先儒张子。西庑第五十二位。

先儒黄子榦像

先儒黄子榦像

黄子榦，字直卿，福建闽县人。父瑀，高宗时御史，以笃行直道著闻。瑀没，榦从朱熹受业。初见熹，夜不设榻、不解带，少倦则微坐一椅，或至远曙。熹语人曰："直卿志坚思苦，与之处甚有益。"尝诣东莱吕祖谦，以所闻于师者相质。正及张栻亡，熹望榦益重，遂以女妻之。熹作竹林精舍成，遗榦书有"他时便可称直卿代即讲席"之语。及疾革，以所著书授榦曰："吾道之托在此，吾无憾矣。"榦历知横阳军、安庆府，皆有善政。在位者忌其声誉，群起挤之，榦遂归里，弟子日盛。卒谥文肃，世称勉斋先生。所著有《经解》、《文集》行世。国朝雍正二年，奉旨从祀，称先儒黄子。西庑第五十三位。

先儒真子德秀像

先儒真子德秀像

真子德秀，字景元，后更景希，建宁浦城人。四岁受书，过目成诵。登庆元五年进士第，累官户部尚书，入见，以《大学衍义》进。逾年，拜参知政事。三乞祠禄，乃进资政殿学士，提举万寿观，卒赠银青光禄大夫，谥文忠。德秀长身广额，容貌如玉，望之者无不以公辅期之。立朝不满十年，奏疏无虑数十万言，皆切当世要务，直声震朝廷。及宦游所至，惠政深洽，不愧其言，由是中外交颂。时相忌之，辄摈不用，而声愈彰。自韩侂胄立伪学之名以锢善类，凡近世大儒之书，皆显禁以绝之。德秀晚出，独慨然以斯文自任，讲习而服行之。党禁既开，而正学遂明于天下，后世多其力也。学者称西山先生。所著有《西山甲乙稿》、《对越甲乙集》、《经筵讲义》、《端平庙议》、《翰林词草四六》、《献忠集》、《江东救荒录》、《清源杂志》、《星沙集志》，而《大学衍义》尤盛行于世。明正统元年，从祀。成化三年，封浦城伯。嘉靖九年，改称先儒真子。西庑第五十四位。

先儒何子基像

先儒何子基像

何子基，字子恭，婺州金华人。自幼端重，寡言笑。师黄
榦，穷伊洛之源。隐居求志，不愿人知。景定、咸淳间，屡被荐
授职，均辞不就。卒年八十一，谥文定。基淳固笃实，绝类汉
儒，虽一本于熹，然就其言发明而新意愈出不穷。所著有《大
学》、《中庸》、《大传》、《易启蒙》、《通书》、《近思录》、《文
集》等书。国朝雍正二年，奉旨从祀，称先儒何子。西庑第五十
五位。

先儒赵子复像（原书图阙）

赵子复，字仁甫，德安人。元太宗乙未岁，命太子阔帅师伐宋，俘得之。会姚枢奉命搜访人才，见复，与语大悦，与之北上。世祖在潜邸，尝召见问曰："我欲取宋，卿可导之乎？"对曰："宋，吾父母国也，未有引他人以伐吾父母者。"世祖悦，因不强之仕。杨惟中建太极书院，延复为师，复乃作《传道图》、《伊洛发挥》、《朱门师友图》、《希贤录》等书，以授学者，由是河朔始知道学。复家江汉之上，以江汉自号。学者称江汉先生。国朝雍正二年，奉旨从祀，称先儒赵子。西庑第五十六位。

先儒吴子澄像

先儒吴子澄像

吴子澄，字幼清，抚州崇仁人。生三岁，授诗成诵，五岁日受千余言。既长，于经传皆习通之，知用力圣贤之学。举进士不第，宋亡入元，隐居布水谷，著书自乐。至元间，侍御史程钜夫奉诏求贤江南，起澄至京，以母老辞归。元贞初，起应奉翰林文字，累官翰林直学士。卒年八十五，赠江西行省左丞、临川郡公，谥文正。澄身若不胜衣，每日正坐拱手，气融神迈，答问亹亹，使人涣若冰释。弱冠时，即以斯文自任，故出登朝署，退归于家，与郡邑之所经由，士大夫皆迎请执业，而四方之士来学山中者，常不下千数百人。少暇即著书，至将终犹不置也。于《易》、《书》、《诗》、《春秋》、三《礼》尽破传注穿凿，以发其蕴，条归纪叙，精明简洁，卓然成一家言。所著有《易》、《春秋》、《礼记》、《尚书纂言》、《学基》，《学统》，《私录》，《支言集》，《易外翼》、《孝经章句》，又校正《皇极经世书》并大小戴《记》、《老子》、《庄子》、《太元经》、《乐律》及《八阵图》、郭璞《葬书》行世。初，澄所居草屋数间，程钜夫题曰草庐，故学者称草庐先生。明正统八年，从祀。嘉靖九年，罢祀。国朝乾隆二年，奉旨复祀，称先儒吴子。西庑第五十七位。

先儒金子履祥像（原书图阙）

金子履祥，字吉父，婺州兰谿人。幼而敏睿，授书即能记诵。比长，益自策励，凡诸史百氏之书，靡不毕究。及壮，知向濂洛之学，事同郡王柏，从登何基之门，自是讲贯益密，造诣益邃。德祐初，起迪功郎、史馆编校，辞弗就。宋亡后，隐居著书，以淑后进。尝谓司马文正《资治通鉴》，秘书丞刘恕为《外纪》以纪前事，信百家之说，不本于经，是非谬于圣人，不足以传信。乃用邵氏《皇极经世》历胡氏《皇王大纪》之例，损益折衷，一以《尚书》为主，下及《诗》、《礼》、《春秋》，旁采旧史诸子，表年系事，自唐尧以下，接于《通鉴》之前，勒为二十卷，名曰《通鉴前编》，凡所引书，辄训正其义，多先儒所未发。既成，授门人许谦。著《大学章句疏义》、《论孟集注考证》、《尚书表注》、《仁山文集》行世。当时议者谓何基之清介纯实似尹和靖，王柏之高明刚正似谢上蔡，履祥则亲得之二氏，而并充于己者也。履祥居仁山之下，学者称为仁山先生。元大德中卒。至正中，赐谥文安。国朝雍正二年，奉旨从祀，称先儒金子。西庑第五十八位。

先儒陈子澔像 （原书图阙）

陈子澔，字可大，都昌人。父大猷，宋开庆进士，仕至黄州军判官，著《尚书集传》。澔潜心经学，尤精于《戴记》。宋亡，隐居教授，年八十二卒。学者称云庄先生，又称经归先生。元奎章阁学士虞集题其墓。所著有《礼记集说》。明洪武间，其书始列于学官。正统中，遂以其说取士。国朝雍正二年，奉旨从祀，称先儒陈子。西庑第五十九位。

先儒陈子献章像

先儒陈子献章像

陈子献章，字公甫，广东新会人。仪干修伟，右颊有七黑子。少孤，事母至孝。领正统十二年乡荐，再上礼部不第。从吴与弼讲学，归读书，穷日夜不辍。筑阳春台，静坐其中，数年无户外迹。成化五年，复上礼部不第，遂归隐白沙，四方来学者日进。十八年，广东布政彭韶、总督朱英交荐，召至京师，不就试，疏乞终养，授翰林院检讨以归。自是屡荐，卒不起。宏治十三年卒，年七十三。献章之学，以静为主。其教学者，但令端坐澄心，于静中养出端倪。或劝之著述，不答。论者谓其洒然独得，有鸢飞鱼跃之乐。世称白沙先生。万历初，追谥文恭。十二年，从祀，称先儒陈子。西庑第六十位。

先儒胡子居仁像

先儒胡子居仁像

胡子居仁，字叔心，江西余干人。闻吴与弼讲学崇仁，往从之游，绝意仕进。其学以主忠信为先，以求放心为要，以圣学成始成终在于敬，因以敬名其斋。四方来学者甚众，皆告之曰："学以为己，勿求人知。"语治世则曰："惟王道能使万物得所。"筑室梅溪山中，暗修自守，布衣终其身。人以为薛瑄之后，粹然一出于正，居仁一人而已。成化二十二年卒，年五十一。所著有《居业录》。万历十一年，追谥文敬，从祀，称先儒胡子。西庑第六十一位。

先儒蔡子清像（原书图阙）

蔡子清，字介夫，福建晋江人。少走侯官，从林玭学《易》，尽得其肯綮。成化二十年，成进士，即乞假归讲学。已，谒选，得礼部祠祭主事。王恕长吏部，重清，调稽勋主事，恒访以时事。清上二札，一请振纪纲，一荐刘大夏等三十余人，恕皆纳用之。复历丁内外艰，家居授徒不出。正德改元，诏起江西提学副使。宁王宸濠骄恣，清屡裁以礼，王积不悦，旋欲中伤之，清遂乞休。刘瑾知天下议己，用蔡京召杨时故事，起清南京国子祭酒，命甫下而清已卒，年五十六。清之学，初主静，后主虚，故以虚名斋。平生饬躬砥行，贫而乐施，为族党依赖，以善《易》名。所著有《易经四书蒙引》。万历中，赠礼部侍郎，追谥文庄。国朝雍正二年，奉旨从祀，称先儒蔡子。西庑第六十二位。

先儒吕子坤像 (原书图阙)

吕子坤，字叔简，河南宁陵人。明万历二年进士，为襄垣、大同令，政治严明，培养士气，内擢部曹，荐升金都御史，巡抚山西，历官刑部侍郎。坤刚介峭直，立朝无少畏避，其忧危一疏凡数千言，思深虑远，炳炳凿凿，剀切详明，皆深中时弊。家居尤喜奖掖后进，讲学严性命理欲之辨，综天道人事之宜。所著《呻吟语》、《夜气钞》、《省心纪》、《道脉图》、《四礼翼》、《去伪斋集》、《实政录》诸书，俱能阐明正学，扶植纲常。国朝道光六年，奉旨从祀，称先儒吕子。西庑第六十三位。

先儒刘子宗周像

先儒刘子宗周像

刘子宗周，字起东，浙江山阴人。少端颖，稍长，即志圣贤之学。万历二十九年，成进士，累官左都御史。乙酉岁，杭州失守，宗周闻变，恸哭绝食，二十三日卒，年六十八。宗周刚方清介，见义必为，屡遭贬斥，终不改其操。通籍四十余年，在朝前后不及数载，奏疏无虑数十万言，莫非规切君身，关系时政，危言正论，无所顾避。卒为权奸所忌，辄摈不用。家居惟以讲学著书为务，从游者甚众。浙东自王守仁讲学阳明书院，一传为王畿，再传为周汝登、陶望龄，三传为陶奭龄，皆沿良知之说，未免杂于禅学。奭龄尤变本加厉，以因果为说，去守仁益远。宗周忧之，乃筑证人书院，与同志讲肄其中。其为学源本守仁而期于实践，论心以慎独为宗而归于诚敬。著有《刘子全书》百余卷，皆发明圣贤宗旨，粹然一出于正。自号念台，学者称念台先生。国朝乾隆四十一年，赐谥忠介。今上道光二年，奉旨从祀，称先儒刘子。西庑第六十四位。

附：崇圣祠考

木金父公，宋人，孔父之子，孔子之五世祖。国朝雍正元年，奉旨追封肇圣王，祀崇圣祠。中祀。

祈父公，或作睪夷父，孔子之高祖。国朝雍正元年，奉旨追封裕圣王，祀崇圣祠。左。

防叔公，名字不可考，尝为鲁防邑大夫，后世因号防叔，孔子之曾祖。初，畏华氏之逼奔鲁，故孔氏为鲁人。国朝雍正元年，奉旨追封诒圣王，祀崇圣祠。右。

伯夏公，事实无考，孔子之祖。国朝雍正元年，奉旨追封昌圣王，祀崇圣祠。次左。

叔梁公讳纥，仕鲁为鄹邑大夫，有勇力。宋真宗大中祥符元年，幸鲁，谒文宣王庙，命官分奠，追封齐国公，颜氏封鲁国太夫人。元文宗至顺元年，封启圣王，颜氏启圣王太夫人。明嘉靖九年，令两京国子监及天下学校通建启圣祠，改称启圣公。国朝雍正元年，奉旨仍封启圣王，祀崇圣祠。次右。

颜氏无繇，《家语》作由，少无字，字季路，白水碑作子路，复圣颜子之父。少孔子六岁，孔子始教而受学焉。唐开元二十七年，从祀，赠杞伯。宋大中祥符二年，封曲阜侯。元至顺三年，封杞国公，谥文裕。妻齐姜氏，杞国端献夫人。明嘉靖九年，配享启圣祠，改称先贤颜氏。_{崇圣祠东配第一位。}宋高宗赞：人谁无子，尔嗣标奇。行为世范，学为人师。请车诚非，顾非其私。千载之下，足以示慈。

孔氏鲤，字伯鱼，子思、子伋之父。孔子十九岁娶于宋之亓官氏，二十岁而生鲤。是年初，仕鲁为委吏，适昭公以鲤鱼赐孔子，荣君之贶，因名焉。既长，哀公以币召，称疾不行。年五十，先孔子卒。宋徽宗崇宁元年，追封泗水侯。度宗咸淳三年，从祀。明嘉靖九年，配享启圣祠，称先贤孔氏。_{崇圣祠东配第二位。}

曾氏点，《史记》作蒧_{古体点字}，字子晳，白水碑作子哲，宗圣曾子之父也。少孔子六岁。《一统志》：葬莱州费县西南八十里成山下。唐开元二十七年从祀，赠宿伯。宋大中祥符二年，封莱芜侯。明嘉靖九年，配享启圣祠，改称先贤曾氏。_{崇圣祠西配第一位。}宋高宗赞：惟时义方，有子诚孝。怡怡圣域，俱膺是道。莫春舞雩，咏歌至教。师故与之，和悦宜召。

孟孙氏激，字公宜，娶仉氏，亚圣孟子之父。元仁宗延祐三年，封邾国公，仉氏封邾国宣献夫人。明嘉靖九年，配享启圣祠，称先贤孟孙氏。_{崇圣祠西配第二位。}

周氏辅成，即周子敦颐之父。大中祥符八年进士，所历多善政，终贺州桂岭令，累赠谏议大夫。明万历二十三年，从祀启圣祠，称先儒周氏。_{崇圣祠东从祀第一位。}

程氏珦，字伯温，颢、颐之父。世居中山，父遹赠开封府仪同三司、吏部尚书，卒葬河南，遂入籍焉。宋仁宗录旧臣后，以珦为黄陂尉，迁知龚州，累转大中大夫，封永年伯。元祐五年卒，年八十五。珦为人慈仁而刚断，尤善知人，识濂溪于属掾之中，荐以自代，又命二子师事之，卒成大儒。明嘉靖九年，从祀启圣祠，称先儒程氏。_{崇圣祠东从祀第二位。}

蔡氏元定，字季通，建州建阳人，沉之父。生而颖悟，八岁能诗，日记数千言。父发，博览群书，以程氏《语录》、邵氏《经世》、张氏《正蒙》授元定，曰："此孔孟正脉也。"元定深

284

涵其义。既长，辨析益精，闻朱熹名，往师之。熹叩其学，惊曰："此吾老友也，不当在弟子列。"遂与对榻讲论诸经奥义，每至夜分，四方来学者，必俾先从元定质正焉。以太常少卿尤袤、秘书少监杨万里荐，召至京，坚以疾辞，筑室西山，将为终焉之计。其谪道州，闻命，不辞家即就道。杖屦同子沉跋涉三千里，脚为流血，无几微见言面。至春陵（按：原作舂陵，据《宋史》本传改），远近来学者甚众。贻书训诸子曰："独行不愧影，独寝不愧衾，勿以吾得罪故遂懈。"一日，谓沉曰："可谢客，吾欲安静，以还造化旧物。"阅三日卒。嘉定三年，赠迪功郎，谥文节。元定于书无所不读，于事无所不究，义理洞见大原，下至图书礼乐制度，无不精妙。熹疏释《四书》及为《易传》、《通鉴纲目》，皆与元定往复参订，《启蒙》一书，则属元定起稿。尝曰："造化微妙，惟深于理者能识之，吾于季通，言而不厌也。"学者尊之曰西山先生。所著书《大衍详说》、《律吕新书》、《燕乐》、《原辩》、《皇极经世》、《太元潜虚指要》、《洪范解》、《八阵图说》。明嘉靖九年，从祀启圣祠，称先儒蔡氏。崇圣祠东从祀第三位。

张氏迪，大梁人，张子载之父。仕宋仁宗朝，终知涪州事，卒于官。国朝雍正二年，奉旨从祀崇圣祠，称先儒张氏。崇圣祠西从祀第一位。

朱氏松，字乔年，徽州婺源人，熹之父。生有俊才，儿童时，出语已惊人。比长，闻龟山杨氏传河洛之学，益自刻厉，日诵《大学》、《中庸》书，以用力于致知诚意之地。自谓卞急害道，因取古人佩韦之义，以名其斋。尝曰："士之所志，其分在义利之间而已。"登政和八年进士，历官司勋、吏部郎，兼史馆校勘。秦桧决策议和，松与同列上章，极言其不可，不报。因力疏求去，遂出知饶州。未上，请闲，得主管台州崇道观。卒，赠通议大夫。著有《文集》。元至正二十二年，追谥清献。明嘉靖九年，从祀启圣祠，称先儒朱氏。崇圣祠西从祀第二位。

崇圣祠考终。